PRÁTICAS DE
LEITURA
E PRODUÇÃO DE
TEXTO

Dados Internacionais de Catalogação na Publicação (CIP)
(Câmara Brasileira do Livro, SP, Brasil)

Almeida, Rita de Cássia Santos
  Práticas de leitura e produção de texto / Rita de Cássia Santos Almeida. – Petrópolis, RJ : Vozes, 2015.

  Bibliografia

  5ª reimpressão, 2025.

  ISBN 978-85-326-4947-8

  1. Comunicação e expressão 2. Escrita 3. Gêneros literários 4. Leitura 5. Língua e linguagem 6. Português – Redação 7. Textos 8. Textos Produção I. Título.

14-13028   CDD-469.84

Índices para catálogo sistemático:
1. Textos : Leitura e produção : Português : Linguística   469.84

Rita de Cássia Santos Almeida

PRÁTICAS DE LEITURA E PRODUÇÃO DE TEXTO

Petrópolis

© 2015, Editora Vozes Ltda.
Rua Frei Luís, 100
25689-900 Petrópolis, RJ
www.vozes.com.br
Brasil

Todos os direitos reservados. Nenhuma parte desta obra poderá ser reproduzida ou transmitida por qualquer forma e/ou quaisquer meios (eletrônico ou mecânico, incluindo fotocópia e gravação) ou arquivada em qualquer sistema ou banco de dados sem permissão escrita da editora.

CONSELHO EDITORIAL	PRODUÇÃO EDITORIAL
Diretor Volney J. Berkenbrock	Aline L.R. de Barros Anna Catharina Miranda Eric Parrot
Editores Aline dos Santos Carneiro Edrian Josué Pasini Marilac Loraine Oleniki Welder Lancieri Marchini	Jailson Scota Marcelo Telles Mirela de Oliveira Natália França Priscilla A.F. Alves Rafael de Oliveira
Conselheiros Elói Dionísio Piva Francisco Morás Teobaldo Heidemann Thiago Alexandre Hayakawa	Samuel Rezende Verônica M. Guedes
Secretário executivo Leonardo A.R.T. dos Santos	

Editoração: Gleisse Dias dos Reis Chies
Diagramação: Sheilandre Desenv. Gráfico
Capa: HiDesign Estúdio

ISBN 978-85-326-4947-8

Este livro foi composto e impresso pela Editora Vozes Ltda.

Sumário

Apresentação, 7

1 Orientações didáticas, 9

2 Reflexões sobre a produção de texto, 13

3 Ações didáticas, 31

4 Produções escritas a partir de histórias ouvidas, 47

5 Produção escrita a partir de textos de jornal, 65

6 Produção de texto a partir de poemas, 77

7 Produção de texto a partir de estímulos diversos, 83

Índice, 109

Apresentação

Este livro tem como finalidade dinamizar algumas aulas em diversas disciplinas no Ensino Básico e até mesmo o Médio, a partir dos trabalhos de leitura de qualquer gênero textual. Isso se deve ao fato de muitos alunos se mostrarem apáticos para as aulas e alguns professores visarem à possibilidade de tornar a aprendizagem mais interessante e eficaz.

Acredito piamente que toda aula bem-preparada com atuação real dos protagonistas torna-se marcante e, sem dúvidas, contribui para que esses se apropriem do conteúdo e dos conceitos com maior rapidez e facilidade.

Outro motivo que justifica a importância de trabalhar com mais dinamismo na sala de aula é que se não nos programarmos para que os alunos sejam de fato ativos nesse ambiente, certamente surgirão problemas diversos, principalmente no que se refere à atenção e concentração, pois os *concorrentes* que temos à frente são de difícil enfrentamento.

Desde um bom bate-papo até a tecnologia, tudo está para conosco como adversário em termos de atenção, embora esta última também contribua indiscutivelmente para a aprendizagem significativa.

Sendo assim, quando possível, é importante deixar os alunos trabalhando em frente à telinha, mas sabemos que na maioria das vezes, isso ainda não está acessível em todas as salas de aula. É preciso considerar que muitos professores lecionam em escolas cujo material ainda está longe das modernas tecnologias.

Portanto, nesta obra privilegia-se a atuação do aluno, sua capacidade de pôr em prática a leitura compreensiva e interativa e a produção de textos multidisciplinares e de diferentes gêneros.

Enfim, proponho nesta obra, em diversas formas, atividades para enriquecer o conteúdo a ser estudado, e muito mais a ser produzido. À medida que se fala em motivação para a leitura, a aprendizagem também flui e no momento de produção escrita, esta se reflete claramente como aprendizado constituído a partir das dinâmicas e dos trabalhos que se desenvolveram.

Espera-se assim que você, professor, usufrua das ideias aqui lançadas, também crie outras a partir delas e desenvolva um brilhante trabalho com seus alunos!

De repente, o que lhe faltava era só o começo... Sucesso!

1
Orientações didáticas

Antes de iniciarmos as ideias contidas neste livro, é importante destacar que aqui consideramos texto, como todo e qualquer tipo de conteúdo escrito que faça/tenha sentido. Tendo isso se estabelecido, só nos falta realçar que trabalhar com produção de texto é uma atividade pertinente a todas as áreas de ensino-aprendizagem, o que muitas vezes é confundido como tarefa do professor de Português.

Tais atividades de redação de textos podem envolver diversos gêneros, assim como se apresentarem de diferentes modos, porém sempre visando ao letramento. Entendamos que neste contexto, ao se falar em gêneros textuais, não seremos criteriosos, pois não é alvo de nossas sugestões no momento.

Levando isso em conta, ao nos referirmos às propostas de produção de texto, é necessário também atentar para três questões: o enunciado, os conhecimentos prévios dos alunos e o treino para o desenvolvimento de tal tarefa.

Em relação à primeira, o ponto principal é a linguagem e a clareza empregadas na proposta, haja vista que os alunos, por muitas vezes, acabam se confundindo pelo fato de não compreenderem exatamente o que devem fazer.

Nesse sentido, é aconselhável usar períodos simples, com frases curtas e diretas, e ainda, diversificar sempre, assim eles vão se familiarizando com os modelos solicitados pela professora ou pelo livro que estiverem usando.

É importante realçar ainda que dentre essa variedade, podem ser propostos exercícios a partir de imagens; de vídeos curtos; da audição de textos; de modelos expostos; de histórias lidas; de músicas ouvidas e trabalhadas em sala de aula; de poemas e de outras vivências possíveis.

Outro fator relevante a respeito dessa produção, em alguns casos, é que o aluno, embora compreenda o que precisa fazer, não consegue desenvolver o tema devido à falta de conhecimento sobre o assunto, ou seja, desconhece-o ou seu repertório ainda se encontra limitado.

Outra possível situação para que os alunos produzam um texto, é no momento das avaliações – em quase todas as disciplinas –, cujas questões sejam discursivas, pois sendo abertas, eles têm liberdade de expressão, embora precise dominar o conhecimento linguístico e conteudista para elaborar o texto. Nesta circunstância é necessário alertá-lo, professor, no que diz respeito à correção, ou seja, se propôs uma questão discursiva, os critérios para verificação devem estar claros. Discuta com os alunos sobre isso para que saibam exatamente como proceder em sua produção.

Além disso, certamente pode acontecer o seguinte: há aqueles que entendem o que devem fazer, têm repertório suficiente, podem se expressar oralmente sobre o tema, porém não conseguem elaborar o pensamento por escrito, pois apresentam dificuldades para os registros.

Portanto, a partir do momento que conhecer bem seus alunos, ter diagnosticado o que é importante para eles atingirem os objetivos que traçou, e já ter trabalhado com diferentes propostas, tenha muito claro o que você quer que produzam: a princípio é ensinar-lhes a redigir respostas da compreensão ou interpretação de texto? É escrever algo novo? É fazer uma reconstrução de um texto já lido/estudado? Elaborar uma reescrita?

Sempre deixe claro os seguintes aspectos:

- O que escrever? (Qual o tema a ser explorado?)
- A partir do quê? (Qual a referência que o aluno tem?)
- Para que escrever? (Qual é o objetivo previsto para a elaboração desse texto: é apenas um exercício de sondagem; de aprendizagem ou de avaliação? Etc.)
- Quem é o leitor/interlocutor? (Dependendo de quem vai ler o texto, alteram-se: a organização da linguagem, o vocabulário, o estilo, as referências, o tratamento etc.)
- Quais os critérios adotados para a correção? (Conteúdo e forma e os valores adotados para ambos.)

Também é bom reforçar os seguintes pontos:

- Escrever um texto pode contemplar o cotidiano de todos os professores/disciplinas, e o ideal é que a equipe docente esteja ajustada e treinando a escrita de acordo com critérios em comum, assim a linguagem usada para tal exercício será sempre clara e uniforme para os alunos.
- Numa atividade de *reescrita* o conteúdo permanece o mesmo do texto-base e o aluno apenas fará as correções orientadas pelo professor. Isso acontecerá quando este devolver o texto com os apontamentos sobre as correções que devem ser feitas.

- Numa *reconstrução* há mudanças no conteúdo, e o texto será bem diferente, ou seja, o aluno desenvolverá um texto pessoal a partir de uma referência. Por exemplo: Nesta perspectiva, o professor solicitará que o aluno: mude o foco da narrativa; acrescente um novo personagem; altere o desfecho; retire algo da história; coloque os fatos em um ambiente ou época diferentes etc.

- Toda tarefa deve ser devolvida aos alunos, com as devidas anotações para que eles possam rever as inadequações, fazer as correções e/ou adaptações e reescrever, pois só assim refletirão sobre as questões que ainda estão em processo de aprendizagem.

2
Reflexões sobre a produção de texto

2.1 Como reconhecer um texto?

Um texto pode estar representado por uma ou mais palavras, por uma imagem, um sinal, uma cor, enfim, por um signo qualquer, basta que esteja num contexto para que faça sentido.

Fonte: http://www.dominiopublico.gov.br/download/imagem/gu11339a.jpg

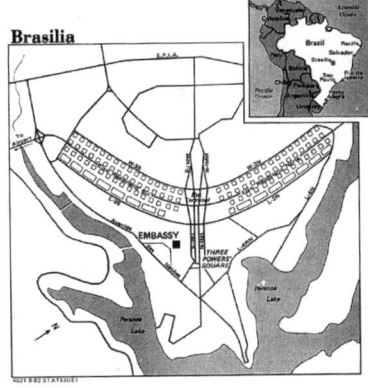

http://www.dominiopublico.gov.br/download/imagem/pc000279.jpg

A brincadeira é a vida da criança e uma forma gostosa para ela movimentar-se e ser independente. Brincando, a criança desenvolve os sentidos, adquire habilidades para usar as mãos e o corpo, reconhece objetos e suas características, textura, forma, tamanho, cor e som. Brincando, a criança entra em contato com o ambiente, relaciona-se com o outro, desenvolve o físico, a mente, a autoestima, a afetividade, torna-se ativa e curiosa.

Fonte: http://www.dominiopublico.gov.br/download/texto/me4597.pdf

2.2 Como solicitar ao aluno que produza um texto?

Devido a uma série de fatores, ao solicitar que alguém escreva um texto, é necessário que o enunciado esteja claro, principalmente pautado em objetivos que sirvam depois como guia para você, professor, fazer a correção. Isso estará mais detalhado nas sugestões de atividades que haverá a partir da página 42.

Em se tratando de produção escrita, não é o *tamanho* do texto que garantirá que o mesmo terá sentido e/ou terá um ótimo conteúdo; por isso condenam-se aqui propostas que limitam o quanto escrever. É o caso, por exemplo, de algumas que trazem "Escreva, *em tantas linhas...*" principalmente a alunos do Ensino Fundamental I.

Isso ainda ocorre, infelizmente, mas é preciso pensar que além de limitar o que se deve escrever, pode-se bloquear o escritor ou até mesmo incitá-lo à prolixidade, à redundância e ao uso de outros recursos que só estenderão o texto para atingir a meta proposta, resultando um texto pobre, sem direção alguma.

Lembremo-nos de que apenas pedir para escrever um texto é "muito vago", assim é necessário que o enunciado, seja para responder uma pergunta sobre um texto estudado (ou até mesmo em uma avaliação) ou para escrever um texto novo, esteja claro, compreensível e delimitado para o aluno, senão ele pode deixar de responder/escrever, simplesmente porque não *entendeu* o que era para fazer, e não por que não sabia fazê-lo. Exemplo:

- *Produza um texto sobre o que você pesquisou sobre animais marinhos.*
- *Escreva o que você sabe sobre os tipos de relevo que prevalecem na região nordeste do país.*

O ideal é que primeiramente você contextualize o tema para, em seguida, solicitar algo a respeito; ou seja:

> Em nossas discussões sobre a riqueza dos animais marinhos, levantamos alguns pontos importantes sobre suas características e os benefícios proporcionados por eles. Escreva a respeito dessas questões.

Ainda em relação aos enunciados de questões de avaliações, nas redes sociais há exemplos hilários sobre algumas mal redigidas, cujas respostas são "coerentes", embora não signifique que estejam corretas. Em muitas delas, os alunos aproveitaram o momento para brincar com a duplicidade de sentido da questão. Por exemplo:

1) *Aponte onde se localiza o Pico do Jaraguá.* **Possibilidades de resposta:**

a) *"Não sei, pois ainda não fui até lá"* ou *"não sei onde fica"*.

b) Ilustração:

Às vezes, uma dessas atitudes acontece quando:

a) O enunciado começa com um verbo que não apresenta concisão (é ambíguo, polissêmico ou dicendi: *Aponte, Encontre, Fale, Diga* etc.). Por isso é importante refletir a respeito de que verbo colocar nesse início da pergunta, uma vez que ele representa um objetivo!

b) A proposta não apresenta elementos familiares para a compreensão ou esses não contemplam o conhecimento, ou até mesmo por falta de vivência do aluno.

Já em relação às propostas para produção de texto, exclusivamente, há muitas dessas situações passíveis de discussão, em alguns casos vagas demais. Veja alguns exemplos muito sucintos:

- *Escreva sobre uma festa do Dia das Bruxas.*
- *Escreva um texto sobre seu Natal.*
- *Produza um texto sobre uma viagem de férias.*
- *Descreva como foram suas férias.*

> Enquanto o aluno não se apropriar de um determinado conhecimento, não será capaz de se expressar sobre o mesmo.

É preciso considerar, inclusive, que numa sala de aula há alunos com diferentes culturas ou crenças cujos assuntos lhes podem ser inacessíveis, e caso o professor não tenha feito uma sondagem sobre o conhecimento prévio deles, incorre no risco de receber tarefas mal desenvolvidas.

Antes de trabalhar com a proposta de produção, é necessário discutir e conhecer bem o assunto[1].

2.3 Que gênero textual o aluno produzirá?

Em relação ao tipo de texto solicitado ao aluno, é preciso que o professor disponibilize todos os gêneros textuais, independente de sua idade ou ano de escolaridade. Os livros didáticos e apostilas estão repletos de textos adequados à faixa etária ou ano que as crianças estão estudando, além do que, essa é também uma indicação dos Parâmetros Curriculares Nacionais (PCNs).

Nada deve ser omitido ao aprendiz em relação à tipologia textual. É importante que todas tenham acesso aos modelos, haja vista que em muitas situações cotidianas até os adultos precisam deles. Imagine-se à mercê de alguém que, de repente, lhe pede para escrever "uma petição", por exemplo. Você faria esse texto imediatamente? Certamente que não; iria à busca de um modelo para se basear por ele, não é? Então, é isso o que ocorre com a criança quando se defronta com uma proposta para desenvolver um texto e nem sequer o imagina, pois ainda não teve acesso a um deles ou não se apropriou dele.

---

1. Haverá mais informações adiante.

Além do mais, de acordo com estudos das últimas décadas, é intensa a cobrança do letramento, uma vez que todas as produções escritas devem chegar ao uso das práticas sociais.

2.4 Que referências oferecer ao aluno?

Muitos alunos não conseguem produzir um texto, pois não têm conhecimento sobre o assunto que devem expor; ou melhor, não têm referências sobre o tema, faltam-lhes modelos, sugestões, repertório. O que cabe ao professor, então?

O professor é o mediador. Se há um livro didático com o qual trabalha, certamente está carregado de orientações e sugestões sobre o tema; se não, é você, professor, quem deve levar até o aluno o que este deve conhecer, seja através de leitura, de orientações, de filme, enfim... garantir-lhe a base, para depois lhe pedir para falar/escrever a respeito do que aprendeu sobre tal assunto.

Quando estiver trabalhando leitura e interpretação de texto, já deve ir apresentando a (super)estrutura dos textos lidos, a linguagem, pontuação, além dos objetivos que o mesmo apresenta. Chame a atenção também para as conexões entre os períodos, a relação entre os parágrafos, as retomadas de palavras ou assunto já expressos, as possibilidades de não repetição e não contradição, enfim, ao preparar suas aulas, programe para oralmente "desconstruir o texto, o máximo possível".

É importante ressaltar: só depois que o aluno se apropriar disso tudo, será capaz de se expressar por escrito, mesmo não fazendo conscientemente.

O que está implícito nessas questões, é que sem dúvidas é necessário *preparar* o "escritor", seja ele uma criança, um adolescente ou um adulto que não está inserido nas práticas sociais com funções que exijam sua produção escrita.

É preciso lembrar que se estamos querendo que as crianças treinem a escrita de texto, não devemos exigir, como já fora dito, que o texto tenha um número tal de linhas; que contenha isto ou aquilo, simplesmente porque acho que deve ter. Mais uma vez, depende, *a priori*, do objetivo proposto e de como os aprendizes foram preparados para tal. Depois, sim, pode-se pedir o que quiser!

Se você deseja que as crianças produzam textos diversos, numa primeira etapa, o correto é deixá-las livres para criar; afinal, nessa circunstância o que interessa é que elas se soltem para registrar *o que conseguirem*.

E talvez, mais importante que isso, é não se esquecer de sempre motivar, elogiar, deixar a criança confiante e principalmente segura. Palavras de elogio sempre enunciam segurança!

Dentre outras questões, uma dica interessante é que você faça dinâmicas para "aquecimento". É bom lembrar: a criança que tem bastante dificuldade para escrever, continuará assim se não lhe dermos o tempo necessário para que amadureça sua forma de expressar seus pensamentos. Aliás, não só as crianças... Isso implica dizer que é necessário trabalhar com atividades simples e rápidas de produção de texto, e prosseguir gradualmente.

No caso de estar iniciando o ano com seus alunos, e ainda não os conhece tão bem, uma forma de aquecimento bastante interessante para aguçar a criatividade é a seguinte:

Combine com todos que eles, nesse momento, "soltarão a imaginação", sem preocupações, sem medo, sem restrição alguma. Peça-lhes que deixem sobre a carteira, lápis de cor e uma sulfite.

Prepare antecipadamente (em casa, talvez) algumas músicas – ou parte delas – para que ouçam e, à medida que forem se envolvendo pelo ritmo, possam ir soltando a imaginação, através dos lápis coloridos, fazendo traços, desenhos, rabiscos etc., enfim, o que lhes vier à cabeça. Geralmente, nesse momento, o ideal para começar são as músicas clássicas e depois, outras que preferir. Para estas, veja atividade "Do poema para a prosa".

Em seguida, cada um expõe seu trabalho e abre-se a discussão. Inicie, por exemplo, com perguntas que os levem a refletir: por que cada um fez de tal forma; em que pensaram; por que isso ocorreu daquele jeito etc. Esse é o momento de permitir que as palavras fluam e que eles tenham espaço para se expressar oralmente, para depois, num outro instante, fazerem-no por escrito.

A partir disso, insira o tema que você programou para o trabalho que vai desenvolver com eles e já tendo claro que explorou suficientemente o assunto a ser solicitado, siga em frente com a atividade preparada.

Há outras dinâmicas de aquecimento[2] que você pode utilizar antes de iniciar as produções textuais: *A cara das palavras; Brincando com as palavras; Desenhando palavras; Atenção às incoerências; Charadas Narrativas; Brincando com a descri-*

---

2. Sugestão de atividades do livro *Jogos nas aulas de Português: Linguagem, Gramática e Leitura.* "A cara das palavras", p. 17.

ção; *Partindo das palavras; Cartas-surpresa; Estique; Texto poético; Classificados; Personagem e ação; Textos instrucionais; Tecendo o texto* e *Desconstruindo a narrativa*. Em caso de necessidade, fazer as adaptações coerentes à turma.

Após essa etapa, resta partir para a produção propriamente dita. Algumas possibilidades de elaborar textos, com várias turmas (mesmo que para algumas delas seja necessário se fazerem adaptações), estão disponíveis em ATIVIDADES PRÁTICAS.

2.5 O que fazer para orientar os alunos?

Há várias possibilidades para orientar os alunos no momento de produzir um texto. Procure sempre preparar a proposta de modo contextualizado; ou seja, apresente algumas referências sobre o assunto, para depois colocar o que se quer que o aluno produza.

> *Professor, como temos também nos referido aos enunciados de questões de avaliações, considere que todas as orientações também devem ser observadas cotidianamente, nos momentos de ensino-aprendizagem, assim ao resolver as questões das provas, os alunos já terão as "malícias" para a compreensão das perguntas.*

É importante pensar ainda, que antes dessa atividade, já deve ter ocorrido um preparo, pois todo professor, cotidianamente está trabalhando tanto leitura como produção de texto – seja como for: em forma de compreensão e interpretação de texto; de questionários em algumas disciplinas etc. No entanto, algumas práticas de base são indispensáveis. Por exemplo:

- Intenso trabalho de leitura e compreensão textual (oral e escrito).

- Roda da conversa sobre o conteúdo.
- Debates sobre as leituras.
- Trabalhos diversos com intertextualidade.
- Pesquisas com diferentes assuntos.
- Integração com todas as disciplinas em curso – "rede de conhecimento" sobre o tema.
- Seminários.
- Produção coletiva de textos (vários gêneros).
- Reescrita, reconstrução etc.

Além desse preparo inicial, por um tempo, é indispensável esclarecer a proposta, lendo o enunciado junto com o aluno, pois a partir disso ele saberá qual o gênero a ser produzido, inclusive a possibilidade de silhueta que o texto deve ter. Mas também é necessário esclarecer os objetivos, pois é a partir destes que se saberá:

- O que escrever?
- Por que escrever?
- Para que escrever?
- Para quem escrever?
- Como escrever?

2.6 O que esperar dessa produção?

Ainda em relação à finalidade das tarefas, como em outras atividades, deve-se com frequência traçar que objetivos que se espera para a proposta que será trabalhada, independente de qualquer circunstância. Uma sugestão é consultar o próprio livro didático, quando há um em uso, e caso não o tenha, os Parâmetros Curriculares Nacionais (PCNs) são uma boa fonte para sua consulta.

É bom sempre se lembrar que esses objetivos estão diretamente relacionados à avaliação, então é necessário deixar isso claro para os alunos; afinal, eles vão produzir uma escrita sabendo *para que*, e por consequência, conhecerão os critérios que permearão a correção de sua produção.

Mais especificamente no caso do gênero narrativo, atentar para os seguintes critérios básicos:

- **Conteúdo:** Coesão (emprego dos elementos coesivos), progressão (fio lógico/temporalidade), expressividade – atendimento à proposta (gênero e tema), informatividade e/ou criatividade.

- **Forma:** Emprego da linguagem adequada, estrutura das frases (simples ou complexas) e dos parágrafos (bem como sua organização), emprego de letras maiúsculas, correção ortográfica e pontuação.

Uma sugestão para auxiliar na correção dos textos (narrativos, informativos, dissertativos ou discursivos – estes, no caso de questões de provas de disciplinas diversas) é trabalhar com um cabeçalho pronto na folha da atividade (avaliação ou redações), pois ao corrigir você terá um guia para marcar os problemas e acompanhar a evolução da aprendizagem, além de fácil meio de controlar as atividades extras, que por ventura, esse aluno venha a precisar para reforço. Por exemplo:

ITENS A SEREM OBSERVADOS (Sugestões)

Conteúdo (0-7,0)	Sentido: Relações lógicas	Linguagem Oralidade Lugar-comum	Repetições Verdade evidente	Tema Título	Progressão (Continuidade)	Falta de justificativas Argumentações	Elementos da narrativa
Forma (0-2,5)	Ortografia Acentuação Pontuação	Paragrafação Palavras redundantes	Pronomes Adjetivação excessiva	Tempo verbal Intromissão	Concordância Nominal Verbal	Regência Nominal Verbal	Legibilidade Organização

A partir das suas anotações nesse quadro, tanto você quanto seu aluno localizarão com certa facilidade, qual(ais) o(s) problema(s) que ele apresentou e você poderá, com maior controle e facilidade, programar as atitudes a serem tomadas para fazer os ajustes no processo de ensino-aprendizagem dos mesmos, seja apenas através da reescrita do texto corrigido ou de novas atividades para reflexão e reforço dos conteúdos defasados.

Mas sempre se lembre: o *feedback* é indispensável!

Se o texto que você solicitou for de (sub)gênero diferente dos que se previu no quadro, como por exemplo, um poema, uma receita ou textos instrucionais, adéque os critérios, de modo que estes atendam aos objetivos que propôs.

2.7 Como avaliar esse texto?

Todo texto deve ser corrigido e há diferentes formas para fazê-lo; depende da finalidade para avaliá-lo. Dessa forma, esclareça isso aos alunos, pois sabendo o que exatamente você quer que eles façam, a margem de erros pode ser bem pequena.

Pense que tudo (produção e avaliação) inicia-se pelo enunciado, então como já fora dito, este deve ser muito claro e conciso. Em seguida, após orientações gerais, é importante que o aluno se acostume a fazer primeiramente um rascunho, cujo propósito é *escrever à vontade*, sem preocupações com erros e acertos.

Em seguida, lembre-se de que neste momento não estamos tratando de práticas exclusivas com o emprego da norma culta, mas esta faz parte desse trabalho e sempre deverá ser respeitada e *cobrada*, inclusive pelos professores de todas as disciplinas; por mais que dependa do tipo de proposta feita.

No entanto, não fique com cobranças acirradas apenas sobre questões específicas, deixando importantes dados, como é o caso dos desvios ortográficos, se esse não for seu principal objetivo. E mais, não *rabisque* o texto do aluno, destacando as palavras que fogem à língua padrão com exageros (grandes círculos em vermelho, por exemplo), pois isso pode constrangê-lo; ele certamente se aborrecerá e a qualidade de suas produções pode oscilar.

Sempre esclareça como o texto será corrigido. Uma sugestão é que você combine com os alunos, que assinalará com um código (**X** ou número, letra, símbolos tais como asterisco, estrela etc.) ou marcará o local onde houver algum problema e fará as anotações à margem esquerda da folha.

Através do que foi previamente acertado com eles, veja as sugestões a seguir:

Códigos – Na margem da folha	O combinado com os alunos
O	Quando houver uma palavra escrita fora do padrão da norma culta – *Ortografia*.
P	Você colocou um **X** entre duas palavras, pois nesse exato local, há um problema devido à falta de *pontuação* ou esta foi colocada de modo inadequado.
M	Como a palavra assinalada precisava ser escrita com *letra maiúscula*, você a destacou no texto e à esquerda registrou "**M**".
Conc.	*Falta concordância* (nominal ou verbal) entre as palavras destacadas; assim, você as destacou para chamar a atenção, e à margem esquerda, colocou um "**Conc**".
A	Quando houver problema com a acentuação, você destaca a palavra *escrita inadequadamente* para chamar a atenção.

Na folha da atividade, ficará assim:

Exemplo:

A – O – CV	Domingo fomos <u>a</u> chácara da vovó com uns <u>amigo</u>. Lá <u>nóis</u> <u>brincamo</u> e
V – O – P	comemos o lanche que minha mãe <u>levo</u>. Quando deu quatro <u>oras</u> x fomos
O	<u>em bora</u>.
	Chave para correção:
	nóis brincamo → nós brincamos
	levo → levou
	oras → horas
	em bora → embora

Após fazer a correção de todos os textos, ao devolvê-los aos alunos, é preciso orientá-los para que os reescrevam fazendo as devidas mudanças. É o momento da *oficina*, cuja finalidade é fazer valer a correção como instrumento de aprendizagem.

Ao reescreverem seus textos, os alunos podem e devem consultar um dicionário, livros, apostila, os próprios colegas e você, pois tudo isso os auxiliará para aprender cada vez mais.

Lembre-se que somente após tal reescrita o texto estará pronto para ser apresentado publicamente ou fazer parte da pasta de produção de textos, de um livrinho, do mural etc.

Em turmas iniciais, aconselha-se fazer a codificação orientada acima de modo mais simples, por exemplo, colocando apenas um sinal sobre (ou ao lado) da palavra para chamar a atenção, e pedir que observem a chave de correção. Isso fica a seu critério.

É necessário lembrar ainda que se a proposta de produção de texto permite uma linguagem coloquial, com desvios, repetições, linguagem figurada, gírias, abreviações, internetês etc., deixe isso muito claro, inclusive explique aos alunos por que você terá determinada *tolerância* nas correções.

Seja como for, é indispensável corrigir o conteúdo e a forma de todas as produções textuais, então use um roteiro com os elementos básicos que os alunos não podem deixar de lado (Uso de parágrafo e letras maiúsculas; organização do texto e legibilidade; grafia correta; pontuação adequada; concordância e coesão etc.), conforme o quadro sugerido anteriormente, no item "O que esperar dessa produção".

Para finalizar o trabalho, solicite aos alunos que após lerem e verificarem o que você apontou como indevido, inapropriado ou incoerente, analisem, reflitam e encontrem meios de editar, ou seja, fazer as adaptações necessárias para escrever a nova versão e deixar o texto da melhor forma possível de acordo com o que lhes fora proposto.

Se o objetivo era tornar essa produção pública faça-o conforme as possibilidades do espaço, por exemplo, apresentando aos colegas na própria sala, montando um livrinho ou um jornal, ou colando no mural para que todos tenham acesso.

Lembrando que um elogio faz bem a qualquer um e que palavras de incentivo enobrecem o trabalho, ao corrigir as produções (e até mesmo as avaliações), registre palavras positivas; de elogio e motivação, mesmo que o texto tenha vários problemas!! Por exemplo:

Você pode melhorar!

Você é capaz de fazer melhor!
Seu texto ficará mais rico se você arrumar o que está incoerente! Etc.

Uma boa opção para apresentação dos trabalhos, após as correções e a reescrita, é orientar os alunos para digitarem-nos e passarem no *Word* ou no *Powerpoint* e mostrarem no telão (quando possível) ou fazerem uma transparência para apresentar no retroprojetor, uma vez que este dispositivo é facilmente encontrado nas escolas.

Como fazer a transparência:

• Entregue aos alunos um saquinho plástico, daqueles que costumam usar para pôr trabalhos ou documentos em pastas. Se preferir, use as transparências apropriadas para esse fim.

• No caso do saquinho, coloque uma folha pautada dentro para poder usá-la como guia das linhas.

• Usando uma caneta hidrocor apropriada para escrever nas transparências, oriente-os a passar o texto, com capricho.

• No caso de errarem, use um cotonete com álcool para apagar. Não o encharque para não borrar.

• Assim que terminarem, oriente-os para pôr a transparência pronta no retro e fazer sua apresentação.

Certamente vão achar isso fantástico, e a motivação poderá levá-los a caprichar cada vez mais com seus textos.

3
Ações didáticas

Antes de trabalhar a elaboração do texto, propriamente dita, é necessária uma boa preparação através de diferentes leituras, levantamento prévio sobre o assunto, debates ou apenas conversas sobre o tema ou a história, e outras preparações que você julgar necessárias.

É importante, sem dúvidas, explorar bem os fatos lidos/ouvidos, as características, as descrições, as relações ocorridas entre os personagens, causas e consequências etc., para depois se pensar em produção escrita do texto. Se for outro tipo, diferente de uma narrativa, deve-se atentar para a ideia-núcleo e seus pontos principais, e de seus objetivos de trabalho com esse material. Enfim, quanto mais preparo, melhor será a redação do aluno.

> **ATENÇÃO, PROFESSOR**
> *Todos os textos que você programar para ler com os alunos, leia-o integralmente, antes. Se houver palavras desconhecidas, já as procure no dicionário para não deixar de responder, caso um aluno o questione. Demarque elementos que julgar relevantes, e deixe-os em destaque para utilizá-los no momento ideal.*

Lembrar-se sempre que a primeira produção é a oral, então é relevante que se valorize essa forma de expressão, antes mesmo que se torne registro. Isso pode ser mais observável nas turmas de Educação Infantil, por exemplo, pois a princípio, as crianças que estão nesse nível ainda não registram suas ideias por escrito – salvo raras exceções –, mas são plenamente capazes de se expressarem através de outras linguagens: ilustrada, gestual, oral.

Embora várias formas de leitura sejam válidas, acredita-se que a melhor maneira de trabalhar a leitura que antecipa uma produção escrita seja a colaborativa ou compartilhada, cujo papel do professor é ler o texto com os alunos, de preferência, sentados em círculo, fazendo os questionamentos necessários e possíveis debates sobre o assunto.

No caso de uma narrativa, escolha uma história inédita para ler para os alunos ou uma versão diferente da que conhecem para que o trabalho flua com mais interesse, afinal, se nunca a ouviram, as "surpresas" serão maiores. Nos anos iniciais ou com as crianças com mais dificuldades, dê preferência para as narrativas simples com fatos do cotidiano, e até mesmo os clássicos, pois há muitos textos lineares, de fácil compreensão.

Quando se tratar de outros gêneros textuais, faça as devidas adaptações às sugestões a seguir. No caso de um texto didático, científico ou apenas informativo, por exemplo, o que você preparou para as aulas de Geografia, História ou outra disciplina de seu interesse, certamente encontrará muitas dicas para explorá-lo e, por consequência, trabalhar o melhor possível com seus alunos.

É bom lembrar, ou melhor, ratificar que uma produção escrita não é especificamente uma narrativa, mas todo e qualquer trabalho que envolva a elaboração das ideias a partir de uma referência e que faça sentido. Além disso, deve-se pensar sempre que após um estudo de texto nas aulas, é bastante produtivo escrever sobre o que aprendeu com o tema, inclusive após a aula de Matemática, por que não? E quem disse que isso não é uma redação ou uma produção textual?

Enfim, acreditando que todas as possibilidades prévias à produção são indispensáveis e considerando a leitura como referência para esse trabalho, seguem-se três momentos para que esse exercício seja o mais produtivo possível.

3.1 Motivação para a leitura

Todo trabalho de leitura e principalmente os que ocorrerem em sala de aula devem ter este momento de preparo, pois é a partir dos primeiros estímulos que o professor encanta e desperta a curiosidade dos alunos para conhecerem o conteúdo proposto; assim, muitas vezes, o maior responsável por levá-los a ler com vontade, é você mesmo.

Indico abaixo algumas estratégias de antecipação da leitura, que podem ser alteradas ao modo que for necessário, além de servir como ideia para que outras sejam (re)inventadas por você.

- Crie uma expectativa para as crianças; diga-lhes, por exemplo: "preparem sua atenção", pois vamos ouvir uma bela história...
- Descreva quem são o autor e o ilustrador e leia o texto da orelha ou contracapa do livro, pois esse geralmente apresenta um pouquinho sobre a biografia ou a respeito do

tema desenvolvido. É um bom aperitivo e trará sabor ao novo saber!

• Explore o máximo possível a capa do livro. Faça-os prestarem atenção nos elementos e detalhes ilustrados, nas cores, tamanhos e formas de tudo. Se achar interessante, cubra o título da história, para desvendarem apenas no final, e enquanto leem vá solicitando que deem um título que julgarem adequado.

• Inicie de modo diferente: Primeiramente diga que vão ouvir uma história chamada *tal*, e já comece levantando conhecimentos que eles têm sobre o assunto. Após comentar o título da história que será lida, elabore, para cada grupo de quatro alunos, algumas fichinhas com: nome dos personagens, algumas características e algumas ações a título de preparo para os fatos que virão. Entregue aos grupos e peça aos alunos que as juntem por prováveis afinidades, e comentem a respeito do que fizeram. Provoque-os também para argumentar por que não poderia ser de modo diverso ao que propuseram. Por exemplo:

CHAPEUZINHO VERMELHO	VOVÓ	CAMINHAVA PELA ESTRADA
LOBO MAU	CAÇADOR	TRABALHAVA NA FLORESTA
ESPERTO	INOCENTE	DESCANSAVA EM CASA
MALVADO	IDOSA	ESTAVA FAMINTO
DESAJUIZADA	RESPONSÁVEL	OBSERVADOR
ALEGRE	APROVEITADOR	DESOBEDIENTE

- Reproduza, em cartolina, a imagem dos personagens mais importantes da história e apresente-os às crianças, para que, a partir de sua "foto", comecem a levantar hipóteses, mesmo antes de conhecê-los.

- Leve para a sala algum objeto que aparece na história e ao apresentá-lo, incite-os a falar nas possibilidades de conhecer mais sobre a história.

- Reproduza, em transparência colorida ou em *Powerpoint*, a capa do livro (quando for o caso) que será lido, sem o título, e levantem hipóteses sobre todos os aspectos possíveis.

- Apresente apenas o título da história e trabalhe em cima disso, criando possíveis personagens ou fatos que estarão na história; conflitos etc.

- Apresente um dos personagens da história, como se fosse um amigo que viria visitá-los. A partir disso, sugira que eles imaginem o que esse personagem seria capaz de aprontar, por exemplo.

> Em sala de aula, a melhor forma de trabalhar com a leitura é fazendo um grande círculo, de modo que todos estejam sentados frontalmente, assim, a chance de prestarem atenção será maior, enquanto você lê. Além disso, todos se colocam no mesmo nível e condição de participação.

- Reproduza, em maquete ou imagem plana – um painel –, o cenário principal da história. Se possível, peça às crianças que o auxilie, por exemplo, na confecção das árvores da floresta, mesmo sem conhecer a história. Depois vá apresentando os fatos lá ocorridos.

- Enquanto você está conhecendo a história em casa, prepare um momento interessante para interromper a história ou, por exemplo, introduzir um fato desconexo, e na sala, na hora em que estiver lendo, não se altere, de modo que eles deem conta de que algo está estranho.

- Dê apenas algumas pistas da história que será lida e peça aos alunos, como lição de casa, que pensem a respeito delas para confirmarem na próxima aula de leitura. Por exemplo, há um livro cujo título é "Ratinho Manhoso", da Tatiana Belinky. Deixe como tarefa, levantar possibilidades de um ratinho ser manhoso. Na aula seguinte, discutam, tente entrar num consenso e só depois vão verificar se alguém tinha razão.

- Retire algumas palavras do texto, de preferência as mais incomuns e coloque-as numa fichinha e aplique o jogo "Criando Sentidos" (livro de jogos já mencionado).

3.2 Enquanto ocorre a leitura

No período em que estiver trabalhando com um determinado texto, use e abuse das interrupções para discussões e debates. Caso a leitura seja recomendada como extraclasse, crie momentos em que a dedicação à discussão e aos fatos seja marcante: faça um esquema diferente na sala; monte grupos; propicie discussões dirigidas; procure

> *Quanto mais você retomar a história ou o conteúdo do texto, melhores resultados você obterá com a produção de seus alunos.*

mudar o ambiente, levando os alunos para outro local, como por exemplo o pátio etc. Enfim, dinamize o quanto puder.

Em se tratando de sala de aula, durante a leitura, procure dar ênfase aos pontos relevantes do texto, ou da história. Se necessário, interrompa para fazer comentários ou dar explicações ou argumentar a respeito dos fatos ou palavras que não entenderem.

O trabalho de análise linguística também pode ser executado nesses encontros, uma vez que a oportunidade propicia para se levantarem, dentre outras, algumas questões sobre os seguintes objetivos ou conteúdos:

- Reconhecer palavras novas, frase, período e parágrafo.
- Reconhecer o perfil do texto, ou seja, a silhueta que o mesmo tem, e por consequência, a que gênero pertence.
- Refletir sobre o emprego da pontuação, da linguagem e de determinadas expressões.
- Ampliar o vocabulário ativo.
- Compreender a relação estabelecida por elementos coesivos.
- Entender o emprego dos tempos verbais etc.

Enfim, todas as intervenções bem elaboradas auxiliam na compreensão, assim use atitudes que prendam o máximo de atenção dos alunos e que os mantenham interessados e pensativos a respeito de todas as ocorrências. Veja algumas sugestões:

- Leia apenas alguns parágrafos iniciais da história e dê continuidade no dia seguinte. Deixe como tarefa, que eles pensem nos fatos que virão: "O que será que vai acontecer?", ou crie outras questões que achar adequadas ao livro.

- Divida a história em três partes, por exemplo. Leia somente a primeira e vá incitando-os a imaginar os fatos seguintes.

- No caso de a história ser muito curta, apenas omita alguma palavra-chave, ou algum elemento que seja motivador para o conflito, e peça que eles imaginem o que foi omitido.

- No caso de ser um **livro com vários capítulos**, pode-se combinar de ler um ou mais por semana, e irem retomando o que já fora lido, para que não se perca nenhum detalhe importante.

- No caso de estarem lendo em voz alta, se surgir uma palavra desconhecida, encerre o parágrafo e em seguida interrompa a leitura, volte ao início do mesmo para trabalhar com o sentido de tal expressão. Explore-a o máximo possível, a partir de questões rápidas: O que significa tal termo? É possível retirá-lo desse lugar? Há outra expressão que o substitui? E assim por diante.

- Enquanto lê, interrompa quando achar conveniente e solicite que levantem as hipóteses sobre os fatos subsequentes, justificando-os a partir de elementos já apresentados.

- Quando estiverem num momento polêmico da história, instigue os alunos a debaterem sobre as questões que são relevantes, inclusive que apontem causas, prováveis consequências, dúvidas, erros e acertos etc.

- Combine com os alunos que enquanto estiverem lendo, estejam atentos à ideia central do texto; à mensagem que o mesmo está lhes passando e vá questionando-os sobre isso, casualmente.

• Havendo possibilidades, é bastante interessante que façam previsões sobre o futuro dos fatos que estão sendo abordados na narrativa; então, a partir do que já aconteceu, solicite que criem, oralmente, possíveis desfechos para os mesmos. Isso pode ser em grupos, por exemplo:

- Um final aberto.

- Um final fechado.

- Um final feliz.

- Um final surpreendente.

- Um final triste.

- Um final polêmico etc.

• Faça com que os alunos imaginem novas trajetórias para os conflitos, e que possivelmente tomaria novos rumos ou resultaria em final semelhante.

• Num determinado ponto da história que você julgar viável, sugira-lhes que um elemento estranho está para aparecer no enredo. Isso servirá para discutirem as possibilidades de acontecimento, sem prejuízo do contexto e da coerência. Por exemplo, uma bruxa.

• Oriente-os para sempre estarem atentos às pistas linguísticas que aparecem no decorrer dos fatos: algumas onomatopeias, determinados elementos coesivos (conjunções, pronomes, adjetivos etc.), assim como a disposição do texto em relação à mancha deixada no papel. É o caso de determinados poemas infantis, ou concretos, cuja sombra no papel também contribui para a compreensão do todo.

3.3 Ações pós-leitura

A partir do momento que você planejou seu trabalho com a leitura, tenha claro que não basta ler; é preciso trabalhar com o texto, como se quisesse esmiuçá-lo; estudá-lo com os alunos. Isso poderá motivá-los cada vez mais e seu rendimento para compreensão será bem superior.

Tenha em seu planejamento que após o término da leitura irá desenvolver outro trabalho complementar. Evite solicitar que leiam um texto ou um livro para depois fazerem uma avaliação. Isso não é pertinente aos estímulos de leitura!

As sugestões abaixo são breves formas de dar continuidade ao processo de leitura. Mais à frente, há outras ideias que você pode seguir para aprofundar e dar mais consistência à formação de leitores e produtores de texto.

Propostas iniciais: Assim que terminar de ler, estimule os alunos para fazerem um levantamento dos principais fatos da história ouvida. Isso pode ser feito de várias maneiras:

• A título de melhor compreensão, após uma leitura colaborativa, com os alunos em círculo, peça-lhes que levantem os fatos mais importantes e os menos relevantes do texto, apenas oralmente.

• Solicite que algumas crianças representem dramaticamente partes da história, ou na íntegra.

• Crie com elas um esquema, na lousa, em que aparecerão todos os aspectos que não podem faltar na história. Este, após treinado, certamente auxiliará nos estudos de textos didáticos e principalmente na resolução de problemas matemáticos!

• Prepare jogos[3] para desafios, como o Jogo da Leitura, na p. 37 do referido livro e outros que forem possíveis.

• Crie projetos: há muitos livros que motivam fazer um projeto interdisciplinar; outros podem direcionar para um julgamento[4] sobre as atitudes de um personagem. Um desses exemplos é a leitura do livro "Malasaventuras, Safadezas do Malasarte", de Pedro Bandeira. Coleção Veredas, Editora Moderna.

• Sugira que recontem a história numa outra versão, por exemplo, no ponto de vista da vítima ou de outro. Nesta etapa, podem usar fantoches, máscaras etc.

• Crie outras situações que possam servir de suporte para a produção escrita a partir de dramatizações com o texto ou parte dele.

• No caso de ser um texto para estudo, além de jogos, é possível que em grupos façam seminário, painéis, debates etc. Isso pode acontecer desde os anos iniciais.

• Proponha que desenvolvam frases para exporem num varal, de acordo com a sequência do texto.

• Se houver possibilidade, após os preparativos, oriente os alunos para apresentarem o conteúdo para outra classe com recursos diferenciados.

---

3. Consulte o livro a seguir para explorar ludicamente a leitura: *Jogos nas aulas de Português* – Linguagem, Gramática e Leitura. 4. ed. Petrópolis: Vozes, 2013.

4. Um trabalho como esse foi desenvolvido por mim, com 5ºs anos e publicado na *Revista do Professor*, edição 113, vol. 29, jan./fev./mar./2013.

- Crie perguntas sobre o texto estudado e faça um debate entre grupos.

- Desafie os grupos a apresentarem um capítulo lido, por meio de linguagens diferenciadas: maquetes, ilustrações, *outdoors*, propagandas, placas, cartazes, esquetes etc.

Produção escrita a partir de...

A prática de produção de texto deve ser vista como empenho diário de todo professor. Orientar alunos para escrever é um exercício contínuo e de bastante responsabilidade. O objetivo principal dessa atividade é torná-los escritores competentes. Para isso é necessário que suas produções tenham clareza, coerência e atendam aos objetivos.

Além disso, é de extrema importância que haja muito exercício. Em hipótese alguma, aprende-se a escrever, lendo. É preciso treinar, ou seja, escrever!

Desde os anos iniciais do Ensino Fundamental a prática da escrita é indispensável. Seja pelas garatujas ou as primeiras letras, a criança já se autodenomina uma *produtora de textos*, ou seja, ela já se vê como o outro que ao seu modo, com lápis e papel, registra suas ideias. Sendo assim, se sempre houver estímulo certamente essa criança continuará rabiscando e a partir disso escreverá palavras, frases e sonhos.

É importante que o professor com claros objetivos, seja o mediador dos trabalhos de produção, iniciando com suas motivações, sempre mantendo seu foco, atendendo às metas programadas para seu curso.

Assim, algumas questões são relevantes no que se refere à preparação para a produção de texto, propriamente dita:

- Levantamento prévio sobre o assunto a ser abordado.
- Roda da conversa sobre alguns pontos de vista.
- Esclarecimento sobre a tipologia textual, os elementos que a compõem e os mecanismos básicos para a mesma.
- Uso de palavras simples, objetividade e clareza no enunciado da proposta – A ausência desses critérios é um dos grandes problemas sobre a interpretação de texto.
- Clareza sobre alguns propósitos para a escrita de tal texto, como:

    - O que escrever? → Qual é a *proposta* para a produção textual? – Qual o tema a ser abordado?

    - Qual o melhor gênero e forma para essa escrita? (Narrativo em prosa? Em verso? Instrutivo? Etc.)

    - Por que escrever tal texto? → *Justifique* ao aluno: É um texto para diagnóstico? Para aprendizagem? Para avaliação? Para apresentação pública? Etc.

    - Para que escrever esse texto? → *Apresente um ou mais objetivos claros.*

    - Para quem escrever? → Antecipe quem é o *interlocutor*.

    - Que critérios você usará para correção? (Conteúdo e forma? Apenas um deles? Etc.)

Produção escrita a partir de histórias lidas ou ouvidas

Quando a história a ser trabalhada for lida pelo professor, deve ser previamente treinada para que não haja "surpresas" na hora das dinâmicas. Os recursos utilizados nas propostas a seguir podem servir tanto a sua leitura, professor, como para a dos alunos ou de outras fontes, como um CD.

Assim que terminarem de ler, discuta o texto com eles para ter certeza de que a história foi bem compreendida por todos – ou o conteúdo abordado. Em seguida, passe para a elaboração da proposta que escolher, lembrando-se das seguintes recomendações e práticas:

a) O rascunho é sempre indispensável. Explique aos alunos sobre a importância de colocarmos nossas ideias no papel, sem temor algum, pois quando estamos muito preocupados em não errar, bloqueamos parcialmente nossa criatividade.

b) A partir do 3º ano, você pode disponibilizar uma pequena tabelinha com exemplos de elementos coesivos auxiliares e possíveis para usarem, de modo que, além de começarem a empregar novos termos, comecem a compreendê-los contextualizadamente. Veja alguns exemplos:

Pois – porque   **Aí** – daí, então, depois, em seguida
Mas – porém   **E** – mas também   Etc.

Objetivos para este tipo de atividade

Espera-se que diante das atividades propostas, o aluno seja capaz de:

1) Aprender a escutar, ou melhor, ouvir com atenção;

2) Expressar-se com clareza e objetividade;

3) Observar a ideia principal e as demais, no texto;

4) Concentrar-se nos elementos principais do gênero textual para aprender a usá-los corretamente;

5) Associar os assuntos tratados; causas e consequências etc.;

6) Organizar as ideias elencando-as por ordem lógica;

7) Escrever um texto claro e coeso, atendendo a proposta oferecida;

8) Parafrasear e resumir textos;

9) Criar/recriar textos a partir de outros lidos ou ouvidos, com ou sem modificações propostas.

A *rotina* a seguir deve ser contínua nos trabalhos de produção textual. Esta pode servir de base, e outros aspectos podem ser acrescidos por você.

a) Iniciar a proposta com o levantamento sobre o tema a ser trabalhado.

b) Sempre explorar oralmente a sugestão dada.

c) Solicitar que façam um planejamento do texto e em seguida o rascunho.

d) Valorize a escrita! Diga aos alunos que *"Escrever um texto é esculpir uma obra de arte".*

e) Se possível, antes de orientá-los para editarem seu texto, corrija-o.

> O melhor texto é o texto dormido!

f) Programe-se de maneira que o aluno faça o rascunho num dia, e só no dia seguinte volte a lê-lo para fazer os ajustes – eles precisam treinar a autocrítica e a autoavaliação.

g) Elogie o que é bom! Esse estímulo é necessário.

4
Produções escritas a partir de histórias ouvidas

Como já fora dito, muitas vezes o problema na produção de texto tem início no enunciado, que não é compreendido pelo leitor. Sendo assim, adapte-o de maneira que fique mais claro para que os alunos não tenham dificuldades para interpretá-lo.

4.1 Um intruso na história

Proposta: *Reescreva o texto que você acabou de ouvir fazendo uma modificação. Para isso escolha um novo personagem[5] que você já conhece e admira.*

Material: • Cópia de um texto narrativo para cada aluno e/ou
• CD (opcional) com a história escolhida.

Sugestão de turma: A partir do 2º ano.

---

5. Em vez de dar a possibilidade de escolha, elabore previamente umas fichinhas com o nome ou imagem de alguns personagens conhecidos (bruxa, fada etc.), ou até mesmo de gibis, e entregue aleatoriamente aos alunos.

Como desenvolver:

a) Inicie a dinâmica motivando as crianças conforme sua programação.

b) Solicite que elas se sentem em círculo e que prestem bastante atenção à história, e em seus detalhes.

c) Após terminarem de ouvir, leia a proposta para/com elas e explique do que se trata.

d) Sugira que, coletivamente, criem uma história oral para confirmar que a proposta foi compreendida.

e) Em seguida, oriente-as para escreverem o texto acrescentando o novo personagem.

f) Encerre o trabalho com a leitura de alguns/todos os textos ou exponha-os no mural.

4.2 Olho mágico

Proposta: Imagine que você é um dos personagens da história que acabou de ouvir. Selecione qual delas você mais gostou ou admira. Escreva o texto que acabou de ouvir contando os fatos sob o ponto de vista da personagem escolhida. (*Reconstrução do texto ouvido sob um ponto de vista diferente.*)

Material: • Cópia de um texto narrativo para cada aluno.

Sugestão de turma: A partir do 3º ano.

Como desenvolver:

a) Para iniciar, leia o texto com eles e em seguida faça um quadro na lousa com as ações dos personagens para facilitar a observação. Veja o exemplo:

Manhã de fuga

Era uma manhã de domingo. O vento assobiava por entre os frisos das janelas, e trovões começavam a inquietar a casa dos Cortinhas. Nesse cenário, o silêncio fora quebrado com um grito: Sááávio...

Enzo, ainda com dois anos, não acostumava dormir até tarde, pois durante a semana, ia para a creche bem cedo.

Quase sem ouvir, mas já em pé, olhos colados, Sávio levantou meio sonâmbulo para impedir que seus pais e a Sarah acordassem, pois o irmãozinho era bastante escandaloso, capaz de acordar o prédio inteiro.

– Fica quieto, que o pai acorda e vai ficar bravo! Deite de novo que vou pegar seu leite e vamos dormir mais um pouco.

Assim que isso se deu por resolvido – Sávio quase perdera aquele restinho de sono que tinha – voltaram a dormir, pois o tempo estava convidativo para uma boa cama.

Durante a semana, as coisas não eram diferentes, uma vez que os dois irmãos eram grude só!! Aonde um ia, o outro queria ir junto. Às vezes era difícil enganar o irmãozinho para sair sozinho. Até mesmo na despedida para a escola logo de manhã, era sempre a mesma choramingação [...]. Mas a Sarah, já era mais distante dos irmãos.

(Texto criado por Sávio Almeida Cortinhas)

Sávio	Enzo
• Acordou, domingo cedinho, com os gritos do irmão.	• Acordou domingo, bem cedinho.
• Acudiu o irmão e lhe deu mamadeira.	• Chamou o irmão, com um grito.
	• Frequentava a creche.

b) Depois treine com alguma criança, o ponto de vista de algum dos personagens. Chame-a à frente e peça para ela fazer de conta que é um dos personagens e assim contar sua versão para os fatos.

c) O próximo passo é solicitar que escrevam o texto e sigam a rotina.

Obs.: Para desenvolver essa dinâmica é necessário um treino oral, pois há alunos que sentem dificuldade em perceber o ponto de vista do outro.

4.3 Tiras em ação

Proposta: Desenvolva uma tira, inventando os personagens. Faça uso dos diversos tipos de balões. De preferência, coloque poucas falas. Use e abuse das onomatopeias.

Material: • Tiras diversas para o momento de leitura e modelo para a elaboração.

• Revistas em quadrinho para recorte.

Sugestão de turma: A partir do 2º ano.

Como desenvolver:

a) Trabalhe com as tiras escolhidas, destacando a importância dos recursos linguísticos e extralinguísticos, ou seja, os elementos que auxiliam na contextualização da mensagem, tais como: gestos dos personagens, tom de voz, expressões faciais etc.

b) Se achar interessante, desenvolva a atividade em duplas, assim as ideias fluem melhor.

c) Solicite aos alunos que façam um projeto-rascunho com as ideias a serem expressas.

d) Se for usar colagem, distribua as revistas velhas para que recortem imagens dos personagens que vão usar e oriente-os para que estas sejam adequadas às situações planejadas.

e) Auxilie-os na correção rápida, dando atenção individual; caminhe pela sala, assim já vai atendendo-os.

> *Sempre que possível, desenvolva coletivamente um modelo de texto, e só depois deixe os alunos produzirem sozinhos.*

f) Àqueles que você já corrigiu e orientou, indique que já deve passar a limpo ilustrando a tira conforme achar mais interessante.

g) Finalmente montem um mural para que todos possam apreciar a arte dos colegas.

4.4 Resumindo

Proposta: Faça a reescrita do texto ouvido apresentando as ideias mais importantes, de modo claro e coerente.

Material: • Um texto narrativo ou informativo, curto, de sua escolha.

Sugestão de turma: A partir do 4º ano.

Como desenvolver:

a) Selecione o texto a ser trabalhado e siga as estratégias iniciais para o estudo do mesmo.

b) Combine previamente se o texto será desenvolvido individualmente, em duplas ou até em trios. Evite grupos maiores; são menos produtivos.

c) Oriente-os que quando você ler em voz alta, que eles acompanhem e vão destacando o que acharem importante.

d) Leia com eles, e à medida que sentir necessidade (uma palavra nova, por exemplo, ou um conceito que ainda não dominam), interrompa e desfaça a dúvida.

e) Após terminar, elabore um esquema na lousa, com a contribuição de todos, com as ideias principais e as complementares.

f) Vá insistindo em afirmar o quão importante é a elaboração desse esquema.

g) Escreva o texto conforme forem ditando. Nesse momento você é apenas o escriba!

h) Em seguida, faça uma leitura crítica do esquema e discutam os acertos que devem fazer.

i) Depois peça que façam o texto a partir das ideias traçadas no esquema (se achar conveniente, façam juntos na lousa).

j) Por último, oriente que façam a autocorreção (ou copiem da lousa, se assim o fez), pois esse texto servirá como guia para a elaboração de outros.

4.5 Parafraseando

Proposta: Escreva um novo texto a partir dos fatos/informações que ouviu.

Material: • Um texto narrativo ou informativo, curto, de sua escolha.

Sugestão de turma: A partir do 4º ano.

Como desenvolver:

a) Utilize as dicas de "a" à "d" da atividade 4.4 – RESUMINDO.

b) Ao terminar, volte ao primeiro parágrafo (se necessário, releia-o) e peça para que falem sobre as ideias que ali estão.

c) Assim que se expressarem, entrem num acordo e escreva na lousa, com as palavras deles.

d) Leia em voz alta e proponha que verifiquem se é isso mesmo que o texto original afirmava.

e) Confirmada essa pergunta, continue fazendo o mesmo com os demais parágrafos até o final do texto.

f) No caso de ser um texto narrativo curto, peça que dobrem uma folha sulfite em tantas partes quantos forem os parágrafos – só para marcá-la –, e desenvolvam a história ilustrada (e escrita, ou não) nos quadros dobrados.

g) Se ainda achar viável, peça-lhes que cortem as partes desenhadas e as transformem num livrinho de bolso – com a sulfite dobrada. Nesse caso, não se esquecer de fazer a capa, colocar título e nome do(s) autor(es).

4.6 Momento em destaque

Proposta: Escreva um parágrafo a partir da ficha recebida.

Material: • Um conto que seja bastante interessante, de sua escolha. Adapte-o à idade dos alunos.

• Fichas feitas numa tira de papel. Veja exemplos:

A parte do texto que mais gostei foi...	A parte que julgo mais chata/atraente é...
O trecho mais interessante foi...	O momento que julgo como um início das complicações foi quando...
O trecho menos interessante foi...	O momento que achei mais legal foi quando...
O momento mais intrigante foi...	A situação mais intrigante é aquela que...
A situação mais comprometedora foi...	Das ações do vilão, a mais inteligente foi...

Sugestão de turma: A partir do 2º ano.

Como desenvolver:

a) Após todo o trabalho de motivação e leitura (oral ou silenciosa) distribua os cartões. Pode ser individual ou em duplas.

b) Solicite que leiam a proposta recebida e destaquem o que lhe corresponde no texto.

c) Oriente-os a escreverem sobre o que lhes foi solicitado, e não apenas copiem, ou seja, que façam uma paráfrase.

> Se for sua opção, pode solicitar que apenas copiem o trecho ou o parágrafo que pediu, mas esta é outra proposta! Então, escolha o que realmente quer que eles façam.

d) Ao término, após correção e edição, disponha no mural da classe.

4.7 Um fato puxa outro

Proposta: Desenvolva a atividade proposta a partir da ficha recebida. No caso, por exemplo, uma festa de aniversário de uma criança de X anos (ou de um amigo da própria sala). Devem convidar de 8 a 12 pessoas.

Outra opção para alunos de turmas mais avançadas é pedir-lhes permissão para a brincadeira e sortear um nome do grupo para ser o/a aniversariante.

Material: • Duas fichas para cada grupo: Uma com quatro TAREFAS e outra com o TEXTO-TAREFA.

• Papel sulfite, revistas velhas, canetas hidrocor, tesoura, cola, cartolina ou papel cartão e folha com pauta para rascunho.

Exemplo de fichas:

TAREFAS
1) Façam um convite para a festa.
2) Elaborem um cardápio compatível com os convidados.
3) Elaborem a lista de compras e dos convidados.
4) Elaborem três frases motivacionais para decoração do ambiente.

TEXTO-TAREFA 1:
Escrevam uma página de diário narrando como a festa aconteceu*.

* Variação para as fichas dos TEXTOS-TAREFA:

TEXTO-TAREFA 2: Escrever uma *reportagem* com os fatos ocorridos.

TEXTO-TAREFA 3: Fazer uma *entrevista* com a aniversariante.

TEXTO-TAREFA 4: No papel da/do aniversariante, escrever uma *página de diário*.

Sugestão de turma: A partir do 4º ano.

Como desenvolver:

a) Divida a classe em grupos.

b) Entregue duas fichas para cada um: uma de tarefas e outra de texto-tarefa e explique a dinâmica para a produção textual.

c) À medida que forem fazendo, vá auxiliando-os para que as edições já se encerrem com correção.

Obs.: Se você deixar para corrigir ao término da atividade, certamente não poderá concluí-la na mesma aula, mas fica a seu critério.

d) Depois de corrigir todos os textos, solicite aos grupos que passem a limpo. Isso pode ser feito em papéis diferentes, caso queiram, pois cada tarefa tem uma característica do suporte (convite, cardápio, lista, as frases para decoração, página de diário etc.)

e) Se acharem interessante, permita que colem todas as produções numa cartolina ou papel cartão e apresentem seus trabalhos.

f) Em seguida, oriente-os a expor no mural ou num painel.

4.8 Fechando as cortinas

Proposta: Desenvolva um parágrafo em que você termine o texto coerente com os fatos narrados.

Material: • Um texto desconhecido dos alunos, sem o desfecho.

Sugestão de turma: A partir do 2º ano.

Como desenvolver:

a) Escolha um texto, de preferência narrativo, e que não seja muito extenso.

b) Retire-lhe o desfecho e reproduza-o para os alunos.

c) Trabalhe com esse texto, e instigue o máximo possível, para que os alunos possam levantar várias pistas e hipóteses a respeito dos fatos que acontecerão no final.

d) Aproveite para trabalhar a criatividade, as pistas linguísticas e a coerência entre as ideias.

e) Depois de bem trabalhado, solicite que complementem a narrativa e criem um desfecho bem inusitado.

f) Na hora das apresentações, façam uma votação para o mais criativo.

g) Corrija os textos; solicite que reescrevam e publique como achar melhor.

Variação:

1) Oriente os grupos (ou duplas) que devem escrever mais dois parágrafos.

2) Prepare envelopes em cujo interior haja uma frase que precisa aparecer em um dos parágrafos que vão redigir.

4.9 Textos malucos

Proposta: Encontre o parágrafo estranho e substitua-o por outro que torne o texto coerente aos fatos narrados. Depois dê um título ao texto.

Material: • Cópia de um texto curto (em torno de cinco parágrafos) para cada grupo.

• Uma cópia dos mesmos textos fatiados.

• Duas tiras de papel (fatias) em branco (uma para o parágrafo que irão produzir; outra para o título).

• Envelopes (tantos quantos forem os grupos) contendo:

- Um texto cortado em tiras, aleatoriamente. O ideal é cortar nos pontos finais. (Neste caso, separe um dos parágrafos e o título para trocá-los com outros correspondentes de outro grupo.)

- Duas tiras em branco.

Sugestão de turma: A partir do 4º ano.

Como desenvolver:

a) Quando preparar esta atividade, selecione tantos textos quantos forem os grupos.

b) Tenha duas cópias idênticas de cada texto e uma das cópias, corte em tiras.

c) Organize o material do grupo num envelope, da seguinte maneira: retire um parágrafo e o título do texto e troque-os por outros de outro texto. Faça isso com todos, de modo que cada grupo receba o seu com um parágrafo e um título estranhos.

d) Entregue o envelope para os grupos e instrua-os para a organização do texto. Esclareça que assim que encontrarem o parágrafo que não se encaixa, devem conversar sobre como desenvolver outro que possa substituí-lo e escrever na tira em branco.

e) Depois que o texto estiver montado por inteiro, devem lê-lo novamente e dar-lhe um novo título.

f) Ao término da atividade, solicite que os grupos apresentem seus textos da seguinte maneira:

- Primeiro, leem o título recebido e o parágrafo incoerente. Observe nesse momento que, provavelmente os grupos "donos" do parágrafo e do título estranho se manifestarão. Isso é interessante porque trabalha com a atenção e com a coerência textual. Caso veja oportunidade, deixe que comentem sobre isso. Aproveite para levantar as pistas que levaram em conta para criar tais hipóteses.

- Em seguida, apresentam o texto completo, inclusive com o título.

- Ao final, entregue-lhes a cópia original do texto que haviam recebido para compararem com o que produziram.

Variação: Em vez de colocar um parágrafo estranho, elabore o texto com algumas ideias desconexas.

4.10 Caixa surpresa

Proposta: Reescreva um texto a partir da história lida, incluindo os objetos recebidos. Depois dê um título.

Material: • Cópias de uma pequena história para cada aluno.

• Uma caixa com as cópias do texto (tantas quantas forem os elementos do grupo) e cinco objetos esquisitos para esse contexto, como por exemplo: tampa de garrafa; clipe; embalagem vazia; chaveiro; o *lacre* que abre as embalagens dos refrigerantes em lata; bonecos diversos; bichinhos de borracha; brindes diversos; ímãs de geladeira etc.

Sugestão de turma: A partir do 4º ano.

Como desenvolver:

Obs.: Como essa atividade tem uma caixa que desperta curiosidade, sugiro que faça as explicações antes de distribuir o material e só depois:

a) Entregue uma caixa para cada grupo.

b) Oriente-os sobre como proceder, iniciando pelo reconhecimento dos objetos que estão na caixa. Caso tenha algo bem esquisito e eles o desconheçam, não dê pistas, assim eles terão que criar para dar coerência ao texto.

c) Em seguida, devem programar o texto, colocando os objetos em sequência, sobre a carteira.

d) Após se certificarem de que há lógica nessa organização, devem fazer o rascunho.

e) Se optar por um texto coletivo, devem eleger um escriba por parágrafo (em forma de revezamento); assim, todos estarão treinando a escrita.

f) Depois que finalizarem, corrija os textos e peça que passem a limpo.

g) Sugira que exponham, apresentem oralmente e depois junte-os e faça um livrinho.

4.11 Criando uma receita

Proposta: Escreva uma receita a partir da história ouvida/lida.

Material: • Uma história que contenha uma receita. Há vários livros com essa proposta, principalmente os indicados para as séries iniciais. Ex.: "O sanduíche da Maricota", de Avelino Guedes – Ed. Moderna; "A galinha ruiva", editado por diferentes autores e editoras ou "Cuidado com o menino", de Tony Blundell – Tradução de Ana Maria Machado, Ed. Moderna etc.

Sugestão de turma: A partir do 2º ano.

Como desenvolver:

a) Após trabalhar o máximo possível com a leitura do livro selecionado, brinque com algumas receitas. Por exemplo, use a receita... Coloque-a numa transparência e leia para os alunos. Cative-os para lerem juntos em forma de um jogral. Certamente vão adorar!

b) Questione-os se a forma como foi escrita está de acordo com os padrões desse gênero textual. Pergunte quais os elementos desse tipo de texto, ou seja, o que realmente precisa ter para que possamos chamá-lo de receita?

c) Trabalhe, em seguida, com alguma receita de bolo ou de qualquer outro prato que achar propício ao grupo. Exponha o texto em transparência também para poder explorá-lo ao máximo: a organização do texto, a clareza, a linguagem, a sequência lógica etc.

d) Depois de terem observado que a silhueta do texto é bem característica; que há elementos distintos para que realmente seja uma receita, crie coletivamente uma receita da amizade, do amor, de felicidade ou de outro assunto interessante, por exemplo. Só depois sugira que cada um crie a sua.

e) Monte um livrinho, com os textos já corrigidos e passados a limpo, para cada aluno, de modo que, em cada folha sulfite caibam dois textos.

f) Para organizá-lo, comece com a receita da amizade, por exemplo, e na sequência, as demais de todos os amigos. Em comum acordo, criem um título para o livro. Se quiser, deixe-os ilustrar como acharem mais conveniente, junte as folhas, grampeie e programe um dia para fazer o momento de autógrafos.

4.12 Resposta a uma carta

Proposta: Responda à carta recebida...

Material: • Uma cartinha escrita por você ou a usada a seguir (escrita pela autora para exemplificar), num envelope com a descrição do remetente e do destinatário.

Sugestão de turma: A partir do 3º ano.

Como desenvolver:

a) Crie uma cartinha, como a que se encontra como modelo nesta proposta ou adapte-a.

b) Reproduza para todos e peça que a leiam e reflitam sobre os acontecimentos possíveis. Trabalhe o máximo com esse texto, explorando-o oralmente.

c) Inicie pela linguagem e consequentemente *quem está por trás disso*, ou seja, quem é realmente essa personagem. Neste texto, excepcionalmente, devido ao vocabulário um tanto diferente, é possível primeiramente fazer o jogo[6] "Criando sentidos".

d) Depois discutam a respeito dos fatos explícitos e implícitos, dos motivos pelos quais os mesmos ocorreram; causas e consequências etc. Ao final das atividades, solicite que os alunos a respondam.

---

6. Sugestão de atividades do livro *Jogos nas aulas de Português: Linguagem, Gramática e Leitura.* Criando sentidos, p. 27.

e) Dê valor à forma do texto, aos elementos que o compõem até mesmo pelo fato de hoje esse tipo de texto estar quase em extinção. Destaque o local e a data, o vocativo, a despedida e o preenchimento do envelope.

f) Recolha a carta para correção e futura devolução para que passem a limpo.

g) Num segundo momento, entregue a cada aluno uma tira de papel e peça-lhes que escrevam seu nome e endereço completos.

h) Recolha esse papel, dobre-os e faça um sorteio, de modo que ninguém tire o próprio nome.

i) Dê algumas diretrizes e oriente-os que escrevam uma cartinha para o amigo que pegaram.

j) Diga-lhes para relerem e fazerem sua autocorreção e colocarem no envelope. Se possível, organize uma visita ao correio para que eles mesmos encaminhem a carta; senão, faça-a você e quando receberem estimule-os a responderem também.

Exemplo de cartinha:

Limeira, agosto de 2013

Lilica

Espero que esta cartinha a encontre em plena felicidade!! Eu estou indo bem (agora), e você? Tomara que esteja super bem!! Super, super, né?

O motivo de escrever esta carta é que tô ansiosíssima para te contar uma nova. Lembra daquela história que eu contei sobre um cara esquisito, trebóçu que bateu na minha porta? Pois é, as coisas pioraram. Ele voltou. Ele voltooooouuu, amiga!! E quis dar uma de zumbaieiro.

Imagine que eu, pela segunda vez, encontrei esse sandeu e tive que ouvir umas questões um tanto escabrosas que me fez. Imagine!! Mal eu conseguia me manter em pé. Cheguei a sentir uma rebimba danada, mas tive que fingir que era forte e fiquei com os dentes sempre à mostra; afinal, aquele apoucado só falava coisas atrapalhadas.

Bom, mas vou contar por partes o que aconteceu, mesmo que eu não goste nem de lembrar!! – Afinal, ele falava grego comigo!!

Primeiro ele me cumprimentou, me chamando de "princesinha". Achei o cúmulo !! Depois, queria saber se eu tinha uma escudela pra emprestar pra ele.

Logo em seguida, me convidou para tomar um xiró que ele tinha feito – calcule isso, Li!! – e que depois gostaria que eu experimentasse seu grabato novo. Um atrevido esse vizinho!! Um choninhas, pra falar a verdade!!

Enfim, amiga, sabe o que eu fiz? Pedi licença – que não sou sem educação, você sabe, e fechei a porta na cara dele, sem esperar a resposta. Fiz bem? Não sei, mas vou te confessar: esse chumbrega vai me pagar!! Vou contar tudo para meu pai e espero que ele não me azucrine mais. Sujeitinho atrevido, hein?!

Depois conto no que deu essa história, tá bem?

Tô com uma saudade danada de você!!

Beijocas!! Bilu

5
Produção escrita a partir de textos de jornal

5.1 Noticiando

Proposta: Escreva um texto a partir de uma história conhecida.

Material: • Um texto narrativo que contenha um fato interessante para se produzir uma notícia de jornal.

Sugestões: Para as turmas menores, use a história de João e Maria; de Chapeuzinho Vermelho, que são bastante interessantes, ou outra de sua preferência. Já para trabalhar com 9ºs anos, um texto interessante é "Uma vela para Dario", de Dalton Trevisan, facilmente encontrado na internet. E há muitos outros bem interessantes por aí.

• Uma notícia de jornal que possa servir de modelo.

Sugestão de turma: A partir do 3º ano.

Como desenvolver:

a) Inicialmente, trabalhe com notícias de jornal em sala de aula. Solicite às crianças que tragam alguma do jornal da cidade, ou você mesmo, tire cópias de uma que seja interessante ou curiosa.

b) Distribua aos alunos, reúna-os em duplas ou trios, e prepare-os para explorar o conteúdo desse texto.

c) Realce a necessidade de um título coerente e do *lead*, cuja estrutura retrata: "o que aconteceu", "onde", "quem", "quando", "como" e "por quê", antes do corpo do texto, ou seja, apresente resumidamente uma ideia sobre o assunto, pois a função desse é motivar o leitor para continuar lendo a notícia.

d) Só depois de ter explorado bem um texto jornalístico é que você deve dar início à produção escrita. Vejamos um exemplo, criado para fins de apresentação para os alunos, a seguir.

Segue abaixo, um modelo para turmas de 3º ano. Apresentando um modelo, certamente ficará mais fácil para as crianças produzirem seu texto. Vale lembrar que é necessário respeitar o nível de exigência às crianças, de acordo com a turma e a programação.

Crie outros exemplos e explore-os bastante.

Mãe acompanha filhos até a floresta e os abandona nesse local

Na Floresta Tropical, que abriga infinitas espécies de animais violentos, foram abandonados dois irmãos com idades entre 5 e 6 anos.

JOÃO DE BARRO – DA REDAÇÃO

Caçadores que caminhavam pela Floresta Tropical, ontem à tarde, ficaram boquiabertos ao ouvirem as histórias de duas crianças que haviam sido abandonadas por sua mãe.

O motivo dessa crueldade teria sido a falta de condições para continuar tratando dos filhos, contou João, o garoto de 6 anos, que se encontrava de mãos dadas com Maria, a irmã caçula, quando interrogado por um dos caçadores.

A Vara da Infância comunicou a esses senhores que as crianças ficarão aos cuidados da Secretaria do Menor até que sejam tomadas as devidas providências.

5.2 Noticiando um fato conhecido

Proposta: Escreva um novo texto a partir dos fatos contidos no texto apresentado. O exemplo aqui é com a música Terezinha de Jesus.

Material: • Uma música que contenha uma narrativa e que seja relativamente curta, de sua escolha.

Para os alunos maiores há muitas letras interessantes, como por exemplo, "Faroeste Caboclo" de Renato Russo; "O menino da porteira", gravado por Sérgio Reis ou algumas músicas sertanejas raízes; outras composições de Gabriel Pensador etc.

Sugestão de turma: A partir do 2º ano.

Como desenvolver:

a) Selecione uma música e a princípio trabalhe com a letra para que seu teor fique claramente compreendido por todos.

b) Comece questionando a respeito de quem conhece tal música; quem já prestou atenção na história contida nela; o que entendem que aconteceu, em cada estrofe etc.

c) No caso da música escolhida, após compreendidos os fatos, podem simular uma entrevista para explicá-los. Divida as crianças em pares: uma delas representará a Terezinha e a outra, um(a) repórter. A princípio, deverão criar as perguntas que serão elaboradas e respondidas pelas personagens. Dê um tempo para ensaiarem e depois os faça apresentarem à classe.

d) Depois, a partir das respostas dadas, devem criar o texto jornalístico. Corrija-os, solicite que reescrevam corretamente e em outro momento, exponha-os no mural da sala.

e) Se possível, primeiramente, faça um modelo coletivo.

5.3 Elaborando classificados

Proposta: Escreva um classificado de venda ou de prestação de serviço, de modo claro e convincente.

Material: • Classificados diversos de jornal (de preferência, de sua cidade).

• Fichas com o nome de produtos malucos, como algumas abaixo:

Rádio AM com antena levemente torta para à esquerda e com um toque de ferrugem.
Boneca Barbie (não original) com maquiagem feita com canetinhas hidrocor.
Carrinho de controle remoto, com portinha removível (sem uma porta).
Sabonete francês original – usado apenas uma vez, para experimentar.
Pasta de dente sabor alho e cebola.

Sugestão de turma: A partir do 2º ano.

Como desenvolver:

a) Selecione alguns classificados de jornal, recorte-os e cole-os em cartolina.

b) Reúna os alunos em duplas e entregue um cartãozinho para cada uma delas.

c) Peça para que leiam o texto recebido e inicie o levantamento das características desse gênero.

d) Enquanto os elenca, vá verificando se todos têm os mesmos elementos. Caso não, discuta isso com eles. Investigue por que isso aconteceu. Se faltando tal elemento o texto continua tão claro quanto o outro etc.

e) Enfatize a linguagem persuasiva, que provavelmente aparecerá em todos (ou em quase todos) e as abreviações, que muitas vezes não estão grafadas na forma padrão. – Isto também deve ser discutido; afinal, os classificados são à base de linguagem escrita; raramente trazem ilustrações.

f) Após terem apontado todos os itens necessários para as análises, proponha que desenvolvam o classificado com o produto descrito no cartão que receberam. Esses produtos são propositalmente estranhos, pois isso os motivará a criar um classificado inédito para conseguir vender seu artigo.

g) Corrija os textos, solicite que passem a limpo e que apresentem para os colegas da sala.

h) Cole todos numa cartolina para pôr no mural.

5.4 Notícia furada

Proposta: Reescreva a notícia do jornal, completando o texto de forma coerente.

Material: • Recortes de notícias de jornal. Se quiser usar o mesmo texto para todos os grupos, reproduza tantas cópias sejam esses; caso queira fazer diferente, providencie um texto para cada turma.

Sugestão de turma: A partir do 2º ano.

Como desenvolver:

a) Após escolher o texto a ser trabalhado, rasgue uma ou duas partes com os dedos, de modo que fiquem buracos no papel. Um dos rasgões pode ser no meio e outro do lado, por exemplo.

b) Se optou por trabalhar com um único texto, faça os buracos de modos diferentes para cada um deles; assim, a diversidade será maior, ou seja, cada grupo terá uma visão diferente.

c) Distribua os textos e solicite que o leiam integralmente para depois trabalhar com a produção.

d) Instrua-os que, se houver alguma palavra que classificam como estranha, devem interromper e descobrir seu sentido consultando o dicionário.

e) É interessante que você os oriente a ler o texto todo, para começar, assim poderão localizar pistas que facilitem o levantamento de hipóteses para completar as lacunas que ficaram.

f) Após ler e criar as partes do texto que faltavam, devem fazer nova leitura – agora integral –, verificar a coerência entre os fatos ou dados, verificar ortografia e pontuação e, em seguida, editar o texto.

g) É interessante, no final, você disponibilizar o original para compararem. Este pode ser lido por você, após eles apresentarem suas produções.

5.5 Manchetes e *leads*

Proposta: Escrever um *lead* que está faltando no jogo dos pares **ou** escrever uma reportagem a partir do par que mais despertou curiosidade.

Material: • Recortes de manchetes (título principal) e *leads* (parágrafo-guia, ou seja, o 1º parágrafo, no qual se exprime o sentido global da narrativa e reponde às perguntas: "o que", "onde", "quem", "quando", "como" e "por quê") de algumas notícias de jornal ou de revistas juvenis.

• Um texto completo: Manchete, *lead* e o corpo (a matéria).

Sugestão de turma: A partir do 4º ano.

Como desenvolver:

a) Ao montar o material, selecione, se possível, as mesmas notícias em diferentes jornais e/ou revistas.

b) Para que os alunos realmente "leiam" o texto escrito, é interessante que você digite cinco manchetes e os *leads* correspondentes, pois os padronizará quanto à fonte (letra, estilo, tamanho etc.) e possibilitará que leiam tudo na íntegra para encontrar os pares, e isso evita a simples seleção a partir da leitura superficial e do *layout*.

c) Use o mesmo material para todos os grupos, e para isso, reproduza tantas cópias quantas forem as turmas.

d) Após digitar e imprimir os textos, cole-os em tiras de papel cartão para ficarem firmes e mais fácil de manusear.

e) Organize o material da seguinte forma: para cada grupo entregue quatro pares perfeitos e uma manchete avulsa. O fato de ter uma peça desparcerada é para que precisem realmente ler e associar os textos e depois produzir o par que faltava.

f) Assim que montarem os pares e sobrar uma ficha, peça que escrevam um *lead* para fazer o par.

g) Depois de determinado tempo, abra para correção e discussão. É o momento de sentirem se foram coerentes com os pares.

h) Caso você tenha optado por pedir que elaborem o texto, tenha em mente que esse tem algumas características especiais, ou seja:

Uma notícia deve sempre apresentar duas partes: o *lead* e o corpo. É necessário também que tenha um título (a manchete).

É importante atentar também para o predomínio da função referencial da linguagem e da narração com os elementos indispensáveis:

- O fato.
- Personagens envolvidos.
- O tempo de duração do fato.
- O lugar onde ocorreu.
- Como tudo aconteceu.
- Por que esse fato aconteceu.

Alguns conselhos também são válidos, tais como: empregue sempre voz ativa dos verbos, pois dinamizam a frase e estimula o leitor. Dê exemplos.

Finalmente, é bom lembrar que a linguagem deve ser impessoal, clara, precisa, objetiva, direta e de acordo com o padrão culto da língua.

5.6 Legendas e texto-legenda

Proposta: Escrever uma legenda ou um texto-legenda numa imagem dada.

Material: • Revistas ou jornais para recortar.

• Imagens de revistas ou jornais, preferencialmente coloridas. Cole-as em cartões, assim a durabilidade de seu material é bem maior.

Sugestão de turma: A partir do 4º ano.

Como desenvolver:

a) Inicialmente deixe claro o que vem a ser legenda e como é o texto-legenda.

Legenda → Texto curto e bem objetivo que serve para descrever a ilustração e dar informações sobre determinado fato. Use sempre o verbo no tempo presente. Muitos jornais e revistas optam por não usar o ponto final nesse texto.

Texto-legenda → É um texto semelhante à legenda, porém com mais informações a respeito do assunto.

b) Assim que isso estiver claro, apresente modelos retirados de notícias de jornais e revistas. Se possível, traga alguns exemplos xerocados em transparências.

c) Ao apresentá-los, troque ideias com os alunos, instigando-os a observar o tipo de texto usado, a linguagem, a pontuação, tempo verbal, o vocabulário etc.

d) Divida a turma em trios ou quartetos e entregue duas imagens para cada grupo.

e) Peça-lhes que leiam bem a imagem; discutam e desenvolvam uma legenda para uma delas e um texto-legenda para a outra.

f) Depois solicite que apresentem à classe.

5.7 Manchetes engraçadas

Proposta: Escrever um texto a partir da manchete recebida.

Material: • Fichas com algumas manchetes engraçadas ou absurdas.

Sugestão de turma: A partir do 3º ano.

Como desenvolver:

a) A princípio, é preciso lembrar que o texto jornalístico tem suas características, e para que as crianças o escrevam, precisam tê-lo conhecido. É bom lembrá-los, por exemplo, que as manchetes são frases sem ponto final e precisam despertar o leitor.

b) Crie algumas manchetes que envolvam as crianças da sala (se achar que é possível). Elabore frases simples, com ideias engraçadas ou bem comuns. Tome cuidado para não atingir nenhuma delas moralmente, ou que sejam um pouco ofensivas. Veja sugestões:

Márcia derruba café em uniforme na saída para a escola
João Paulo torce o pé na hora do lançamento à cesta
Encontrada a garota que queria surpreender os amigos com festa de aniversário
Grupo de estudantes do 4º 1 é encontrado roubando ideias na biblioteca
Pipoca estourada na casa de Lucas era objeto de experiências do 5º ano D
Aviãozinho aterrissa na careca do vovô Juca

c) Distribua as manchetes para os grupos e solicite que escrevam o texto.

d) Em seguida, cada grupo apresentará a sua notícia. Para dar um charme à dinâmica, monte à frente da sala um cenário que lembre um jornal falado. Se possível, disponibilize um microfone com caixa de som. As crianças vão se encantar com a brincadeira.

5.8 Trocando o discurso

Proposta: Escreva um pequeno texto, transformando o discurso direto em indireto.

Sugestão de turma: A partir do 6º ano.

Material: • Algumas tiras compatíveis com a idade e a compreensão dos alunos.

Como desenvolver:

a) Inicialmente, apresente aos alunos um quadro com as alterações que ocorrem quando se faz a transformação do discurso direto para o indireto. Não se esqueça de alertá-los tanto para as mudanças dos tempos verbais, como também para advérbios e pronomes.

TEMPOS VERBAIS	DISCURSO DIRETO	DISCURSO INDIRETO
Verbo no presente do indicativo:	• **Compro** os doces para a festa – disse minha mãe.	Minha mãe disse que **comprava** os doces para a festa.
Verbo no pretérito imperfeito do indicativo:	**Deixei** o dinheiro sobre a mesa – respondeu o filho.	O filho respondeu para a mãe que **havia deixado** o dinheiro sobre a mesa.
Verbo no futuro do indicativo:	• **Comprarei** o colar para dar de presente – comentou Luisa.	Luisa comentou que **iria comprar** o colar para dar de presente.
Verbo no imperativo:	**Saiam** dessa sala, *já!* Gritou o inspetor.	O inspetor gritou para que todos **saíssem/ saíssemos** da sala *naquele instante.*

b) Prepare alguns exercícios para que treinem bastante, pois é necessário estar bem seguro para fazer a conversão adequada.

c) Divida a turma em pequenos grupos, assim poderão discutir sobre a solução da tarefa.

d) Depois, selecione uma ou mais tiras de algum jornal.

e) Xeroque-as em uma transparência para você usar no momento das discussões e correções e em sulfite para os grupos. Recorte-as e distribua conforme programou.

f) Oriente os alunos para a tarefa e assim que a desenvolverem, peça-lhes para apresentarem à frente (usando o retroprojetor) fazendo comentários e prováveis adequações.

6
Produção de texto a partir de poemas

Trabalhar com poemas é trabalhar com a sensibilidade, por isso, explore-os bastante, pois as crianças vão entendê-los melhor, além de gostarem e possivelmente continuarem apreciando-os e reproduzindo-os.

Inicie com um jogral; divida os versos para que a leitura seja distribuída entre os alunos, e leia com eles, mostrando a marcação do ritmo e enfatizando as rimas.

6.1 Brincando com rimas

Proposta: Complete os versos com palavras que formem rimas.

> A escolha do texto dependerá muito da turma para a qual você está preparando a atividade.

Material: • Escolha um poema interessante e de fácil compreensão. Reproduza-o para todos os alunos, da maneira que se encontra no modelo (sem a palavra final do verso).

• Outro poema diferente, também com as lacunas no final, em transparência ou em cartolina, para que fique grande e você possa trabalhar com toda a classe.

Sugestão de turma: A partir do 1º ano.

Como desenvolver:

a) Leia o poema que expôs, mesmo com as lacunas.

b) Investigue se é possível entender o texto da maneira que se encontra. Dependendo da resposta, continue demonstrando que várias hipóteses podem ser aceitas, mas que é preciso dar um sentido lógico. Explore bem seu conteúdo.

c) Oriente as crianças, que numa segunda leitura darão sugestões de palavras para completar.

d) Após trabalhar com a leitura, peça que completem o texto que recebam, fazendo rimas bem bonitas.

e) Para encerrar o trabalho, solicite que reproduzam o poema em forma de desenhos, e se for uma turma maior, pode ser em forma de narrativa.

Obs.: Essa atividade pode auxiliar as crianças que ainda estão com bastante dificuldade, pois pode motivá-las a escrever, uma vez que irão apenas "completar" as lacunas que você deixar em branco. Inclusive, podem mudar o título, caso queiram.

6.2 Parafraseando um poema

Proposta: Escreva um novo texto poético a partir do poema apresentado.

Material: • Um poema que se adéque à turma com a qual irá trabalhar.

Obs.: Se for para os anos iniciais, escolha poemas que sejam simples, com frases diretas (e não muito extensos), conforme o exemplo a seguir.

Sugestão de turma: A partir do 2º ano.

Como desenvolver:

a) Apresente o poema numa transparência ou num cartaz grande para facilitar o trabalho.

b) Leia-o para/com as crianças e, em seguida, explore-o para ficar bem compreendido. Pergunte sobre o tema, os personagens, as ações e reações etc.

c) A partir desse trabalho inicial, oriente as crianças para reconstruí-lo, ou seja, trocar as palavras por outras de sentido semelhante. Antes disso, faça um coletivamente na lousa, para que tenham um referencial. O ideal é iniciar com poemas bem simples. Exemplo:

> Fui procurar pela Sarah
> E com ela, dei de cara,
> Me chamou pra conversar
> E me deu este colar.
> Assim, eu a encontrei.
> Amei!

d) Esteja atento para ajustar o texto ao que a turma já está acostumada e conhece, e assim garantir o bom desempenho nas atividades.

e) Não deixe de publicar os trabalhos, mesmo que seja apenas no mural da sala.

6.3 Modificando um poema

Proposta: Completar as lacunas do texto poético a partir das fichas recebidas.

Material: • Um poema que se adéque à turma com a qual irá trabalhar, com lacunas em vários versos. Dê preferência aos substantivos, adjetivos e verbos.

Obs.: Se for para os anos iniciais, escolha poemas que sejam simples, com frases diretas e não muito extensos.

• Fichas com palavras.

Sugestão de turma: A partir do 2º ano.

Como desenvolver:

a) Reproduza o poema que quiser, deixando algumas lacunas.

b) Faça várias fichinhas com palavras (que permitam encaixes) que usarão para completar as lacunas.

c) Já se programe para fazer algumas além do número a ser usado para que tenham a possibilidade de refletir sobre a coerência que precisam dar ao texto, e consequentemente, levantem hipóteses e experimentem as palavras para só depois decidirem que as usarão.

d) Alerte as crianças para que o poema fique com sentido.

e) Depois que terminarem os poeminhas, prepare o momento da apresentação.

f) Se acharem melhor apenas expor no mural, tudo bem, mas os textos podem ser reproduzidos e virar um livreto, e a leitura ou declamação podem ser feitas apenas na sala de aula, ou no pátio para outras crianças, ou ainda numa comemoração (Dia das Mães, do Professor etc.).

6.4 Do poema para a prosa

Proposta: Transforme o poema numa narrativa, sem alterar os acontecimentos.

Material: • Letra de uma música que contenha uma história com sentido claro.

Sugestão de turma: A partir do 4º ano.

Como Desenvolver:

a) Escolha uma música, cujo conteúdo seja uma história. Por exemplo, "Atirei um pau no gato".

b) Traga a letra num cartaz ou coloque-a na lousa ou numa transparência.

c) Leiam juntos e coloque o texto para discussão. Crie perguntas, como por exemplo:

- Que fato motivou o eu-poético a atirar o pau no gato? Isso está certo? Por quê?

- Por que o gato resistiu? Será que isso acontece de verdade?

- O que teria feito a D. Chica ficar admirada?

- Em que estado esse gato ficou? Etc.

d) Depois de terem explorado bastante, sugira que reescrevam a história de D. Chica com todos os fatos que já conhecem, e de acordo com a versão que acreditam ser a *real*.

e) Assim que terminarem, corrija, solicite que passem a limpo e depois deixe-os apresentar.

6.5 Transformando

Proposta: Organize os versos, de modo que o poema tenha sentido.

Material: • Um poema curto (ou uma estrofe), e de preferência, com rimas. Recorte os versos e cole-os em cartolina. Veja sugestão:

O cravo brigou com a rosa

O cravo brigou com a rosa	O cravo teve um desmaio
Debaixo de uma sacada	E a rosa pôs-se a chorar
O cravo saiu ferido	A rosa fez serenata
E a rosa despedaçada	O cravo foi espiar
O cravo ficou doente	E as flores fizeram festa
E a rosa foi visitar	Porque eles vão se casar

Sugestão de turma: A partir do 3º ano.

Como desenvolver:

a) Organize os alunos em pequenos grupos.

b) Entregue um joguinho de fichas para cada um.

c) Oriente-os para montarem o poema como acharem melhor; porém, que tenha sentido.

d) Depois de um tempo, deixe-os apresentar, e quando terminarem, faça um comentário a respeito do sentido dado ao texto.

e) Só depois leia o texto original para conhecerem.

7
Produção de texto a partir de estímulos diversos

7.1 Descrevendo uma imagem

Proposta: Crie um pequeno texto descritivo a partir da imagem.

Material: • Fotos e/ou ilustrações de pessoas e/ou objetos, retirados de jornais ou revistas.

Sugestão de turma: A partir do 2º ano.

Como desenvolver:

a) Entregue uma imagem para cada criança.

b) Para explicar a atividade e motivá-las a desenvolvê-la, faça uma vez na lousa com a ajuda delas.

c) Solicite que se imaginem *aquela pessoa* ou *objeto* que receberam e a princípio pensem em alguns detalhes tais como:

No caso de ser uma pessoa	No caso de ser um objeto
• Quem é?	• O que é?
• O que faz?	• Para que serve?
• Do que gosta?	• Do que é feito?
• O que gostaria de ter na vida?	• Por que eu deveria ter um?

d) Crie outras perguntas que achar convenientes para a dinâmica.

e) Veja um exemplo: Alguém escolheu a figura de um saquinho com pipocas e escreveu o seguinte texto:

> Eu sou a pipoca. Sou bem conhecido por virar pelo avesso. Meu sabor é bem conhecido, é familiar e acredito que inconfundível. Vivo na roça, como todo pé de milho. Quando me colhem, tiram-me do sabugo para então me colocarem na panela para me preparar. Eu sou um estouro!

f) Após terminarem, corrija todos os textos, devolva para reescreverem e peça que colem a imagem escolhida numa sulfite junto ao texto corrigido.

g) É interessante que cada um leia o seu e depois exponham num painel ou no varal da sala.

7.2 Escrevendo um texto informativo

Obs.: Antes de trabalhar com esta atividade, trabalhe com textos informativos, pois além de fazerem parte das práticas sociais, é de extrema importância que sintam o quão fácil é lê-lo e compreendê-lo.

Proposta: Crie um pequeno texto informativo a partir do "objeto estranho" sugerido a seguir.

Material: • Prepare em casa, uma "obra de arte" com vários objetos recicláveis: caixas de vários tamanhos, tampas diversas, vasilhas diversas, rolos de papel, garrafas pet etc.

• Vá colando-os aleatoriamente para não fazer os tradicionais "robôs" ou "ETs". O propósito aqui é criar um objeto bem esquisito; algo doido mesmo!

Sugestão de turma: A partir do 5º ano.

Como desenvolver:

a) Leve sua obra de arte para a sala e coloque-a sobre a mesa.

b) Apresente-a e já inicie um bate-papo a respeito dela. Pergunte quem gostou? O que acharam? O que imaginam que é? Etc.

c) Depois que explorar um pouquinho, junte duplas, pois assim poderão criar melhor. Oriente-as para escreverem sobre o mesmo, ou seja, irão produzir um texto que, na brincadeira, *deverá acompanhar o objeto,* como as *instruções de uso.*

d) Solicite que criem as informações necessárias sobre tal objeto, como por exemplo:

- O que é aquilo?

- Como se chama?

- Para que serve?

- Do que é feito?

- Quais as suas características?

- Onde poderia ter para vender?

- Quem compraria?

- Modos de usar.

e) Dê um tempo para pensarem e fazerem sua descrição para apresentação do objeto e o modo de usá-lo. Depois solicite que cada grupo apresente o seu.

7.3 Das tiras para a prosa

Obs.: Antes de trabalhar com esta atividade, trabalhe com discurso direto e indireto, lembrando a necessidade de trocar os tempos e/ou modos verbais, os pronomes e advérbios.

Proposta: Crie um texto narrativo a partir da tira apresentada.

Material: • Escolha uma **tira de um gibi conhecido** para que transformem o texto; ou seja, que reconstruam a história em forma de narrativa. Ou vice-versa. Consulte o quadro da pág. 76.

Sugestão de turma: A partir do 4º ano.

Como desenvolver:

a) Trabalhe com a história até que perceba que todos a compreenderam bem.

b) Aproveite esse momento para orientar os alunos sobre algumas trocas: a princípio, dos balões, pois cada forma sugere um comportamento diferente dos personagens.

c) Depois, lembre-os a respeito das trocas dos verbos, pronomes e advérbios (caso existam na tira).

d) Em seguida, peça para alguém contar a história, pois será um treino para as conversões.

e) Para finalizar, deixe-os escreverem e depois que tudo for corrigido, caso queiram, podem apresentar para a classe.

7.4 Texto estilizado

Obs.: Antes de aplicar esta atividade, trabalhe com os tipos de texto que esta exige ou faça adaptações.

Proposta: Crie um texto a partir dos elementos apresentados.

Material: • Crie fichas contendo, por exemplo, as seguintes caracterizações:

(A)	(B)	(C)
GATINHO SIAMÊS	PRAÇA CENTRAL	PROPAGANDA
FILHOTE DE CACHORRO	EM FRENTE À CASA DA VIZINHA	OUTDOOR
PASSARINHO COM A ASA QUEBRADA	QUINTAL DA MINHA AVÓ	CARTAZ

• Amplie os grupos A, B e C de acordo com os gêneros trabalhados em sua sala de aula, à vontade.

• Depois que criar as fichinhas, corte-as e embaralhe-as.

Sugestão de turma: A partir do 3º ano.

Como desenvolver:

a) Divida a turma em grupos pequenos (dois ou três pessoas) e entregue um jogo de fichas, contendo um elemento qualquer de cada grupo: um do A, um do B e um do C.

b) Depois, oriente os alunos para produzirem seu texto, de acordo com as tarefas recebidas.

c) Enquanto elaboram, acompanhe-os para sanar qualquer dúvida que possa surgir.

d) Entregue-lhes uma folha de papel sulfite para passarem a limpo. Caso queiram, podem ilustrar ou fazer colagens.

e) Ao final, já corrigidos, exponha os trabalhos.

7.5 Que loucura!

Proposta: Dê continuidade ao texto oral a partir do elemento (objeto) que você recebeu.

Material: • Solicite às crianças que levem para a aula, um **objeto que caracterizem como estranho**.

Sugestão de turma: A partir do 2º ano.

Como desenvolver:

a) Oriente os alunos que não devem mostrar aos colegas o objeto que levou (devem mantê-lo escondido).

b) Leve para a sala, um grande saco, ou caixa, e peça a cada aluno que coloque o objeto dentro.

c) Faça um círculo com as crianças, e passe, de um em um, distribuindo as coisas que há no saco/caixa.

d) Inicie uma história com o que lhe restou, e peça para os outros continuarem, de modo que usem o que têm na mão, mas dando coerência.

e) Vá tomando nota dos acontecimentos, para depois reverem a história. Se possível, em vez disso, grave a dinâmica, e depois a reproduza para todos.

f) De qualquer forma, é interessante ler a produção final, pois certamente ficará engraçada e registrada para todos.

7.6 Caça ao tesouro

Proposta: Coletivamente, reconstruir um texto que está dividido em partes.

Material: • Um texto longo para recortar em partes (ou em parágrafos).

• Fita adesiva.

Sugestão de turma: A partir do 3º ano.

Como desenvolver: Explique aos alunos como será desenvolvida a dinâmica:

a) Selecione um conto de médio porte (ou um texto informativo) e corte-o em tiras – não necessariamente em parágrafos perfeitos.

b) Cada aluno ou dupla, dependendo do número de tiras que você cortou o texto, receberá uma parte.

c) Organizados em círculos, inicie pedindo que comecem a ler em voz alta o texto que têm em mãos.

d) Oriente-os para prestarem bastante atenção, pois à medida que forem ouvindo, devem ir analisando para ver se o parágrafo lido poderá ficar junto ao seu, seja antes ou depois.

e) Quando localizarem um par, solicite que colem as tiras na lousa, na sequência lógica/correta.

f) Continue com a dinâmica, até que localizem as partes que se ligam, e vá continuamente auxiliando-os com as pistas que podem ser consideradas em cada leitura.

g) Quando terminarem de colar as tiras, leia o texto na íntegra para ver se deu sentido.

h) Supondo que o mesmo tenha ficado estranho, esse é o momento de discutirem por que; qual a posição ideal para troca de alguma tira etc.

Obs.:

1) Uma sugestão interessante é fazer esse texto para cortar em tiras, numa transparência, pois enquanto vão sugerindo a montagem, você vai colocando as partes no retroprojetor e a análise do texto será melhor desenvolvida.

2) Outra opção bem interessante para essa dinâmica é trabalhar com um texto informativo ou didático, pois ao lerem as tiras e montarem o que lhes foi pedido estarão discutindo o conteúdo abordado e certamente irão absorver muito mais as informações.

3) Outra sugestão para trabalhar essa dinâmica:

a) Em vez de um só texto, escolha quatro, mas que não sejam muito longos, e se possível sobre o mesmo tema.

b) Cole as tiras recortadas pelas paredes da sala, aleatoriamente, mas à altura dos alunos, para que possam lê-las facilmente.

c) Tome cuidado também para que a fonte (o tamanho da letra) seja legível a distância que passarão.

d) Separe os alunos em grupos e lhes entregue o primeiro parágrafo do texto.

e) Peça que leiam e, em seguida, oriente-os para começarem a procurar a continuação que está nas paredes.

f) Solicite que um ou dois alunos estejam sentados para serem os receptores e avaliadores do texto que formarão; assim, quando lhes trouxerem uma tira para o grupo, já vão discutir se está de acordo com o início ou não.

g) Essa análise para verificar a sequência do texto tem que ser imediata, pois se a tira não couber no assunto, já deve ser devolvida uma vez que outro grupo estará dependendo dela.

h) Dessa forma, cada grupo terminará o seu texto e o apresentará para a classe.

i) Para finalizar a dinâmica, entregue uma cópia dos textos para que colem em seus cadernos.

7.7 Na trama do texto

Proposta: Coletivamente, construir uma narrativa a partir de um parágrafo inicial.

Material: • Alguns parágrafos ou "inícios de" para começar a atividade.

• Rolo de barbante.

Sugestão de turma: A partir do 3º ano.

Como desenvolver:

a) Você será o escriba, na brincadeira.

b) Faça um círculo com as crianças e explique como a dinâmica ocorrerá. Segure o rolo de barbante, inicie uma pequena história e role o barbante para uma criança da roda, solicitando que ela continue um pouquinho da história, só para ver se entenderam, e depois *"comece pra valer"*.

c) Explique que você ficará fora da dinâmica, pois registrará o texto deles.

d) Após tudo esclarecido, entregue o rolo para uma criança da roda e peça que dê início, lendo o parágrafo escolhido, por exemplo: "Ontem, à noite, passando pelo parque..." e role o barbante para outra criança.

e) Esta deverá continuar a história e, em seguida, deverá rolar para outra, e assim sucessivamente, até que todos tenham participado.

f) Antes de iniciar, alerte a todos para ficarem atentos, pois quando chegar a vez de a última criança criar o parágrafo, esta deverá encerrar a história.

g) Após encerrarem a dinâmica, chame a atenção para a trama que se criou no centro da sala, pois isso simboliza a construção do texto, que não deixa de ser uma "trama construída entre linhas".

h) Assim que terminarem a reflexão, desfaçam a trama enrolando o barbante.

i) Peça que se sentem e ouçam a história que produziram e depois, que deem um título. Se houver várias ideias, ponha em votação qual será o definitivo.

j) Num outro momento, passe esse texto para uma transparência para ser lido e corrigido coletivamente, de modo que todos sintam a necessidade da coerência entre todos os pensamentos e opinem para elaborarem os acertos.

k) Vá reescrevendo na própria transparência e, depois, providencie uma cópia para cada aluno.

7.8 Estranhos que se tornam familiares

Proposta: Coletivamente, construir uma narrativa a partir das palavras recebidas.

Material: • Cada grupo receberá dois jogos de fichas mais uma ficha-título, sendo:

• Um jogo de fichinhas, cujas palavras podem ser iguais ou diferentes para os grupos. É interessante que apareçam umas palavras estranhas ao cotidiano dos alunos. Veja os exemplos:

| ELMO[7] | MARRÃO[8] | CHILIQUE[9] | COCHICHOS |

| JULIÃO | CHAVE | PEDRA | PREGO |

• Um jogo com palavras que servirão para dar ligação entre os parágrafos. Ex.:

| NO DIA SEGUINTE | QUANDO A TARDE CHEGAR |

• Uma ficha com um suposto título, por exemplo:

| AS AVENTURAS DE PIPA | O SUPERVOO DE MIRITICA |
| OS SEGREDOS DE JULIÃO | BIRIBA ATACA NOVAMENTE |

---

7. Capacete enfeitado com penachos.
8. Pequeno porco desmamado.
9. Pequeno ataque nervoso.

Sugestão de turma: A partir do 4º ano.

Como desenvolver:

a) Divida a turma em grupos e lhes entregue os jogos de palavras.

b) Solicite aos grupos que leiam suas fichinhas, criem umas ideias e programem uma história.

c) Marque um tempo para isso. Terminado o prazo, cada grupo apresenta sua história.

d) Você pode recolhê-las para corrigir, e depois que devolvê-las, sugira que a ilustrem.

e) Em conjunto, criem um título para o livro. Faça um sumário de acordo com os títulos e suas respectivas páginas.

f) Depois junte todas as histórias, providencie cópias para toda a classe e faça um livreto para todos eles.

g) Para encerrar a atividade, faça o dia dos autógrafos.

7.9 Juntando frases

Proposta: Construir uma narrativa a partir das frases recebidas.

Material: • Tiras de papel para entregar às crianças.

Sugestão de turma: A partir do 4º ano.

Como desenvolver:

a) Entregue as tiras de papel e solicite que cada criança escreva uma frase bem bonita.

b) Recolha-as e misture-as. Separe a classe em duplas ou trios e redistribua as frases, entregando duas ou três para cada grupo (dependendo do número de crianças que houver).

c) Peça-lhes que a partir dessas, criem um texto. Pode, inicialmente, parecer "difícil", mas o que vale nessa dinâmica é a criatividade.

d) Quando terminarem, sugira que façam a autocorreção e reescrevam na folha de Produção de Texto.

e) Após corrigir, devolva-os e solicite que apresentem para a sala.

f) Em seguida, pode expor no mural ou até mesmo fazer um novo livrinho da turma. Só faltará dar um título e fazer o sumário.

7.10 Completando frases

Proposta: Completar a frase (ou a narrativa) a partir da leitura do professor.

Material: • Frases ou texto com lacunas.

Sugestão de turma: A partir do 3º ano.

Como desenvolver:

a) Crie ou selecione frases interessantes para as crianças, como, por exemplo, pequenos poemas ou textos que já foram trabalhados em sala de aula. Neste caso, pode ser um texto didático, pois estarão estudando-o.

b) Exclua uma ou mais palavras que sejam relevantes para o contexto e em seu lugar, coloque números.

c) Comente com a turma que todos vão brincar de descobrir as palavras escondidas.

d) Peça-lhes que ouçam bem o texto que você vai ler, para revelarem o que falta nas *lacunas* enumeradas.

e) Explique que, enquanto você ler pela primeira vez, apenas prestem atenção e depois vão para a fase da escrita das palavras.

f) Coloque o texto numa transparência, e leia-o uma vez, na íntegra.

g) Em seguida, dê-lhes um tempo para que completem as palavras anotando em seus cadernos, pela numeração. Exemplos: 1) Água; 2) Rio; 3) Seca etc.

h) Assim que você terminar de ler e escrever, verifique com a classe se as palavras estão corretas. Caso não, ajude-os a descobrir por que não acertaram.

i) Aproveite para sempre discutirem na hora da correção, pois certamente irão fixar muito mais o conteúdo que está sendo trabalhado.

7.11 No escurinho do cinema

Proposta: Produzir um texto a partir da leitura de um vídeo curto, um filme ou parte deste.

Material: • Vídeo[10] previamente selecionado.

Sugestão de turma: A partir do 5º ano.

> Ninguém escreve sobre algo que não conhece; sendo assim, quando planejar sua aula de Produção de Texto, não se esqueça de colocar antes, o texto que servirá de referência para os alunos, e trabalhar o máximo, com ele, ou seja: ler, discutir, questionar, representar, ilustrar etc.

---

10. Há, no site da Revista *Nova Escola*, a indicação de uma edição especial sobre filmes interessantes para se trabalhar na escola.

Como desenvolver:

a) Inicie a aula colocando na lousa o título do vídeo e faça oralmente um levantamento prévio sobre o tema.

b) Depois escreva a situação-problema que ocorre durante o filme.

c) Em seguida, desenhe dois quadros. Registre, à esquerda, **todas** as hipóteses que derem sobre o assunto e à direita os argumentos, justificativas etc., que julgam possíveis.

d) Tendo em vista que você já assistiu ao filme para preparar esta atividade, verifique qual seria um (ou mais) momento(s) interessante(s) para interromper e discutirem sobre o que já viram, assim já vão confirmando ou refutando as hipóteses e, caso necessário, reelaborando-as.

e) Ao terminarem de assistir, se achar interessante retome a discussão, e para encerrar, dê-lhes a proposta de produção.

f) Se achar que vale a pena, traga algo pertinente ao assunto e leia, pois pode auxiliar nos debates.

g) Para finalizar os trabalhos, peça-lhes que escrevam um texto sobre o assunto, agora já bem discutido, podendo usar os itens que levantaram anteriormente. Um texto como esse, pode ser em duplas. Certamente, vão elaborá-lo melhor. Mas os dois alunos devem registrar, pois o treino de escrita também está em jogo.

7.12 Produção a partir de uma pergunta

Proposta: Produza um texto a partir da pergunta...

Material: • Uma pergunta norteadora sobre o tema[11] a ser explorado.

Sugestão de turma: A partir do 5º ano.

Como desenvolver:

a) Prepare uma pergunta sobre o tema que estão trabalhando. Por exemplo: "Por que é preciso cuidar do planeta Terra?"

b) Solicite aos alunos que pesquisem em casa e respondam em seus cadernos. Provavelmente sairá um texto curto, mas vamos nos ater ao objetivo principal em questão. Os propósitos desta atividade são: *ampliar o conhecimento e estimular para escreverem,* não que façam textos longos ou algo específico.

c) Quando apresentarem a pesquisa, peça que todos a leiam em voz alta e vá registrando as ideias na lousa, exceto as repetidas. Use nesse momento, apenas tópicos. Por exemplo:

• O homem depende do meio ambiente.

• A terra oferece alimentos ao ser humano. Etc.

---

11. Acredita-se que esta atividade seja mais indicada para o levantamento prévio sobre um assunto, cujo texto didático se encontra no livro ou apostila do aluno.

d) Assim que terminarem, faça com eles um trabalho de hierarquização das ideias, se achar que é possível e necessário.

e) Depois leiam o texto do material dos alunos e verifiquem se há novas informações. Se houver, discutam em que lugar poderia(m) se encaixar nas anotações da lousa.

f) Em seguida, solicite que escrevam um texto contendo todas as informações possíveis.

g) Para finalizar, corrija todos os textos, devolva-lhes e depois, se puder, peça que alguns apresentem para a classe.

7.13 Produção de perguntas e respostas

Proposta: Elabore "X" perguntas sobre o texto e responda-as.

Material: • Um texto a ser explorado/estudado.

Sugestão de turma: A partir do 4º ano.

Como desenvolver:

a) Selecione um texto (didático, narrativo, descritivo etc.) adequado à turma e solicite que o leiam com antecedência (em casa) para facilitar o trabalho.

b) Forme pequenos grupos – com, no máximo quatro alunos.

c) Já em grupos, solicite que cada aluno elabore duas perguntas e dê-lhes as respostas.

d) Entregue uma tira de papel para cada um e peça-lhes para colocar somente a pergunta e o nome.

e) Depois junte todos os papéis, misture-os bem e redistribua-os para os grupos, de modo que não peguem as questões que elaboraram.

f) Solicite que leiam, discutam e respondam da melhor maneira possível, por escrito, na tira de papel ou em seus cadernos. Veja o que é mais apropriado.

g) Depois, cada grupo apresenta as questões que responderam e os "donos" das perguntas corrigirão.

7.14 O que é, o que é?

Proposta: Elaborar uma pergunta a partir de uma ficha-resposta.

Material: • Fichas com as palavras que servirão de respostas para as perguntas, por exemplo:

| CHUVA | PIPOCA |

- O que é, o que é que cai em pé e corre deitada?
- O que é, o que é que pula, pula e vira no avesso?

Obs.: Não coloquem palavras que já são comuns a essa brincadeira, pois assim os alunos nem precisarão elaborar a pergunta (uma vez que essa já existe).

Sugestão de turma: A partir do 2º ano.

Como desenvolver:

a) Crie algumas fichas de acordo com o nível da classe.

b) Organize duplas ou trios e lhes entregue o material (duas ou três palavras) explicando o que e como farão.

c) Marque um tempo para executarem a tarefa.

d) Assim que esse encerrar, peça que apresentem para a classe, da seguinte maneira:

- Primeiro leem a pergunta que criaram, e aguardam a resposta da plateia.
- Num segundo momento, comentam se acertaram ou erraram.

Obs.: No caso de não acertarem, discutam um pouquinho a respeito da elaboração da pergunta, pois é nesse contexto que poderão perceber se o que fizeram estava coerente com a palavra da ficha.

7.15 Fazendo faxina

Proposta: Reescrever um texto *limpando-o*, ou seja, eliminando suas repetições.

Material: • Texto desenvolvido ou adaptado especialmente para essa tarefa. Por exemplo:

O que são as vacinas

A vacina estimula o corpo a se defender contra os organismos (vírus e bactérias) que provocam doenças. As primeiras vacinas foram descobertas há mais de duzentos anos. Atualmente, técnicas modernas são utilizadas para preparar as vacinas em laboratórios. As vacinas podem ser produzidas a partir de organismos enfraquecidos, mortos ou alguns de seus derivados. As vacinas podem ser aplicadas por meio de injeção ou por via oral (pela boca). Quando a pessoa é vacinada, seu corpo detecta a substância da vacina e produz uma defesa, os anticorpos. Esses anticorpos permanecem no organismo e evitam que a doença ocorra no futuro. Isso se chama imunidade. [...]
(Disponível em http://www.dominiopublico.gov.br/download/texto/op000003.pdf — Acesso em 11/06/14.)

Sugestão de turma: A partir do 4º ano.

Como desenvolver:

a) Antes de trabalhar com esta atividade, desenvolva exercícios para que os alunos treinem as substituições, seja pelos pronomes, seja por sinônimos, adjetivos, hipônimos ou hiperônimos etc.

b) Depois prepare o texto que pretende usar, com algumas expressões repetidas e oriente os alunos para a tarefa.

c) Explique-lhes que deverão reescrevê-lo, substituindo as palavras repetidas.

d) Ao terminarem, solicite que alguns leiam em voz alta para a correção. Lembre-se que há mais de uma maneira de melhorar o texto.

7.16 Mix de informações

Proposta: Crie um texto a partir das informações dadas.

Material: • Fichas com as informações sobre o tema a ser estudado.

• Fita adesiva.

Obs.: Preferencialmente, use um texto didático, assim você pode auxiliá-los para estudar.

Sugestão de turma: A partir do 4º ano.

Como desenvolver:

a) A partir de um tema já conhecido, cole na lousa, as informações que trouxe, de maneira aleatória. Ex.:

como uma síndrome febril,
podendo confundir com outros quadros infecciosos febris, próprios dessa faixa etária. [...]
apatia, sonolência, recusa da alimentação, vômitos, diarreia ou fezes amolecidas.
os sintomas como cefaleias, mialgias e artralgias
geralmente com ausência de manifestações respiratórias,
podem manifestar-se por choro persistente, adinamia e irritabilidade,
Nos menores de 2 anos,
especialmente em menores de 6 meses,
Dengue: Aspectos clínicos na criança
com sintomas e sintomas inespecíficos:
na maioria das vezes, apresenta-se
A dengue na criança,

b) Dê um tempo para todos lerem.

c) Depois, oriente-os para que, a princípio enumerem de acordo com a ordem lógica das informações.

d) Em seguida, solicite que escrevam um texto informativo com essas frases, mas fazendo as adaptações necessárias.

e) Diga-lhes para observarem se ficou alguma repetição desnecessária e auxilie-os na reorganização das ideias.

f) Supondo que alguém queira, pode acrescentar outras informações que saiba, sobre o assunto.

g) Finalmente, solicite que façam sua autoavaliação e passem a limpo. Para encerrar a atividade, deixe-os ler para a classe.

Texto original (parcial):

> **Dengue: Aspectos clínicos na criança**
>
> A dengue na criança, na maioria das vezes, apresenta-se como uma síndrome febril, com sintomas e sintomas inespecíficos: apatia, sonolência, recusa da alimentação, vômitos, diarreia ou fezes amolecidas.
>
> Nos menores de 2 anos, especialmente em menores de 6 meses, os sintomas como cefaleias, mialgias e artralgias podem manifestar-se por choro persistente, adinamia e irritabilidade, geralmente com ausência de manifestações respiratórias, podendo confundir com outros quadros infecciosos febris, próprios dessa faixa etária. [...]
> (Disponível em http://www.dominiopublico.gov.br/download/texto/ms000274.pdf – Acesso em: 11/06/2014.)

7.17 Círculo do amor[12]

Proposta: Crie um texto com as ideias levantadas a partir das fichas.

Material: • Fichas, em papel colorido, com as questões sobre o tema. Se preferir, pode fazer uma ficha por dupla. Sugestões:

---

12. Dependendo do tema, muda-se o título da dinâmica. Por exemplo: Círculo da amizade; do conhecimento (no caso de ser uma atividade prévia para estudo de um texto didático).

POR QUE AS PESSOAS AMAM?	O QUE É AMOR?	O QUE O(A) FAZ AMAR?
EM QUE SITUAÇÃO VOCÊ PERCEBE O AMOR ENTRE AS PESSOAS?	O QUE É PRECISO PARA AMAR?	O AMOR É CAPAZ DE...
POR AMOR AS PESSOAS ATÉ...	SEM AMOR, NÃO HÁ...	PARA ALCANÇAR... É PRECISO AMAR MUITO!!
O AMOR PODE... AS PESSOAS.	PARA VIVER COM AMOR, DEVEMOS...	O AMOR EXISTE ATÉ...

Sugestão de turma: A partir do 4º ano.

Como desenvolver:

a) Organize a turma em um grande círculo e explique que cada dupla receberá um cartão, e deverá pensar na resposta.

b) Depois, dê um tempo para pensarem e registrarem em seus cadernos.

c) Em seguida, inicie o momento de interação: solicite que cada dupla, pela sequência, leia seu cartão e comente o que respondeu.

d) Se achar interessante, após corrigir os textos, no caso desse tema "Amor", entregue-lhes um coração cortado numa sulfite colorida e peça que passem o texto a limpo.

e) Para finalizar, colem no mural ou façam um painel bem bonito para expor as ideias do grupo.

f) No caso de ser um trabalho com o tema "Meio ambiente", por exemplo, recorte a sulfite em forma de folhas e faça um tronco com papel-cartão marrom para que seu painel seja coerente com o tema.

g) Enfim, faça as adaptações que achar convenientes e crie o quanto puder.

h) Você também pode aproveitar os resultados dessa roda e solicitar que criem um texto narrativo, pois poderão usar algumas ideias que citaram na roda.

7.18 Comparando saberes

Proposta: Escreva um texto com as ideias discutidas nos debates em grupo. Dê um título ao texto.

Material: • Revistas para recortar.

• Uma folha de papel pardo ou cartolina, dividida conforme o exemplo e com os seguintes títulos:

TRANSPORTES	
O QUE CONHECEMOS SOBRE O TEMA	O QUE APRENDEMOS SOBRE O TEMA

• Canetas piloto, cola e tesoura.

Sugestão de turma: A partir do 4º ano.

Como desenvolver:

Esta atividade deve ser desenvolvida em duas etapas:

1º dia: Levantamento prévio sobre o assunto.

a) Reúna os alunos em pequenos grupos e diga-lhes para fazerem um levantamento sobre o que já conhecem a respeito do tema.

b) Depois de um tempo, entregue-lhes as revistas e os demais materiais e solicite que recortem palavras, frases e imagens que representem o conhecimento que eles levantaram sobre o assunto.

c) Em seguida, devem apresentar à sala.

d) Oriente-os para levantarem mais dados novos sobre o tema para trabalharem com isso no dia seguinte.

2º dia: Falando sobre o assunto, com propriedade.

a) Reúna os grupos novamente, e oriente-os para listarem no caderno as novas informações que trouxeram.

b) Passe pelos grupos e auxilie-os nas correções e oriente-os para registrarem na cartolina.

c) Em seguida, devolva-lhes o cartaz do dia anterior e diga que *agora* devem acrescentar, à direita, tudo o que trouxeram de novidade.

d) Após essa etapa, nova apresentação deverá ser feita pelos grupos. Deixe que colem na parede ou no mural para que sirva como consulta, por um tempo.

e) Para finalizar, abra uma roda para colocarem suas observações finais, comentários etc., e depois de tudo isso, passe para o texto escrito.

f) Solicite como produção, que escrevam a respeito do assunto, usando todas as informações possíveis.

Índice

Sumário, 5

Apresentação, 7

1 Orientações didáticas, 9

2 Reflexões sobre a produção de texto, 13
    2.1 Como reconhecer um texto?, 13
    2.2 Como solicitar ao aluno que produza um texto?, 14
    2.3 Que gênero textual o aluno produzirá?, 17
    2.4 Que referências oferecer ao aluno?, 18
    2.5 O que fazer para orientar os alunos?, 21
    2.6 O que esperar dessa produção?, 22
    2.7 Como avaliar esse texto?, 25

3 Ações didáticas, 31
    3.1 Motivação para a leitura, 33
    3.2 Enquanto ocorre a leitura, 36
    3.3 Ações pós-leitura, 40

4 Produções escritas a partir de histórias ouvidas, 47
    4.1 Um intruso na história, 47
    4.2 Olho mágico, 48

4.3 Tiras em ação, 50

4.4 Resumindo, 51

4.5 Parafraseando, 52

4.6 Momento em destaque, 53

4.7 Um fato puxa outro, 54

4.8 Fechando as cortinas, 56

4.9 Textos malucos, 57

4.10 Caixa surpresa, 59

4.11 Criando uma receita, 60

4.12 Resposta a uma carta, 62

5 Produção escrita a partir de textos de jornal, 65

   5.1 Noticiando, 65

   5.2 Noticiando um fato conhecido, 67

   5.3 Elaborando classificados, 68

   5.4 Notícia furada, 69

   5.5 Manchetes e *leads*, 70

   5.6 Legendas e texto-legenda, 73

   5.7 Manchetes engraçadas, 74

   5.8 Trocando o discurso, 75

6 Produção de texto a partir de poemas, 77

   6.1 Brincando com rimas, 77

   6.2 Parafraseando um poema, 78

   6.3 Modificando um poema, 80

   6.4 Do poema para a prosa, 81

   6.5 Transformando, 82

7 Produção de texto a partir de estímulos diversos, 83
   7.1 Descrevendo uma imagem, 83
   7.2 Escrevendo um texto informativo, 84
   7.3 Das tiras para a prosa, 86
   7.4 Texto estilizado, 87
   7.5 Que loucura!, 88
   7.6 Caça ao tesouro, 89
   7.7 Na trama do texto, 91
   7.8 Estranhos que se tornam familiares, 93
   7.9 Juntando frases, 94
   7.10 Completando frases, 95
   7.11 No escurinho do cinema, 96
   7.12 Produção a partir de uma pergunta, 98
   7.13 Produção de perguntas e respostas, 99
   7.14 O que é, o que é?, 100
   7.15 Fazendo faxina, 101
   7.16 Mix de informações, 102
   7.17 Círculo do amor, 104
   7.18 Comparando saberes, 106

Conecte-se conosco:

facebook.com/editoravozes

@editoravozes

@editora_vozes

youtube.com/editoravozes

+55 24 2233-9033

www.vozes.com.br

Conheça nossas lojas:

www.livrariavozes.com.br

Belo Horizonte – Brasília – Campinas – Cuiabá – Curitiba
Fortaleza – Juiz de Fora – Petrópolis – Recife – São Paulo

EDITORA VOZES

VOZES NOBILIS

Vozes de Bolso

Vozes Acadêmica

EDITORA VOZES LTDA.
Rua Frei Luís, 100 – Centro – Cep 25689-900 – Petrópolis, RJ
Tel.: (24) 2233-9000 – E-mail: vendas@vozes.com.br